Chicago, March 1, 1968...A PICKLE PRIZE. When Pickle Packers International, Inc. (PPI) commissioned Chef Gunther Preuss to create a real 50-lb. hamburger, they awarded him a 4-foot pickle trophy. It's all in honor of March, which is annual National Hamburger Month as proclaimed today at PPI headquarters in nearby St. Charles, Ill. An estimated 25,000 drive-in restaurants alone will sell a third of a billion hamburgers in the USA during Hamburger Month.

DAS FETTE BUCH

REZEPTE AUS DEM KÖLNER KULT-IMBISS

DAS FETTE BUCH

REZEPTE AUS DEM KÖLNER KULT-IMBISS

Hrsg. Alex Ziegler

Rezepte von Walter Schnerring und Martin Block
Texte von Martin Weber
Fotos von Angela und Martin Langhorst

Maze: *Pinstriper, Tätowierer, Maler*

TE KUH
seit 2011

FETT
QUALITY QU

FOR
WEE
FOLKS
sheep
hen
der
cow
KUH

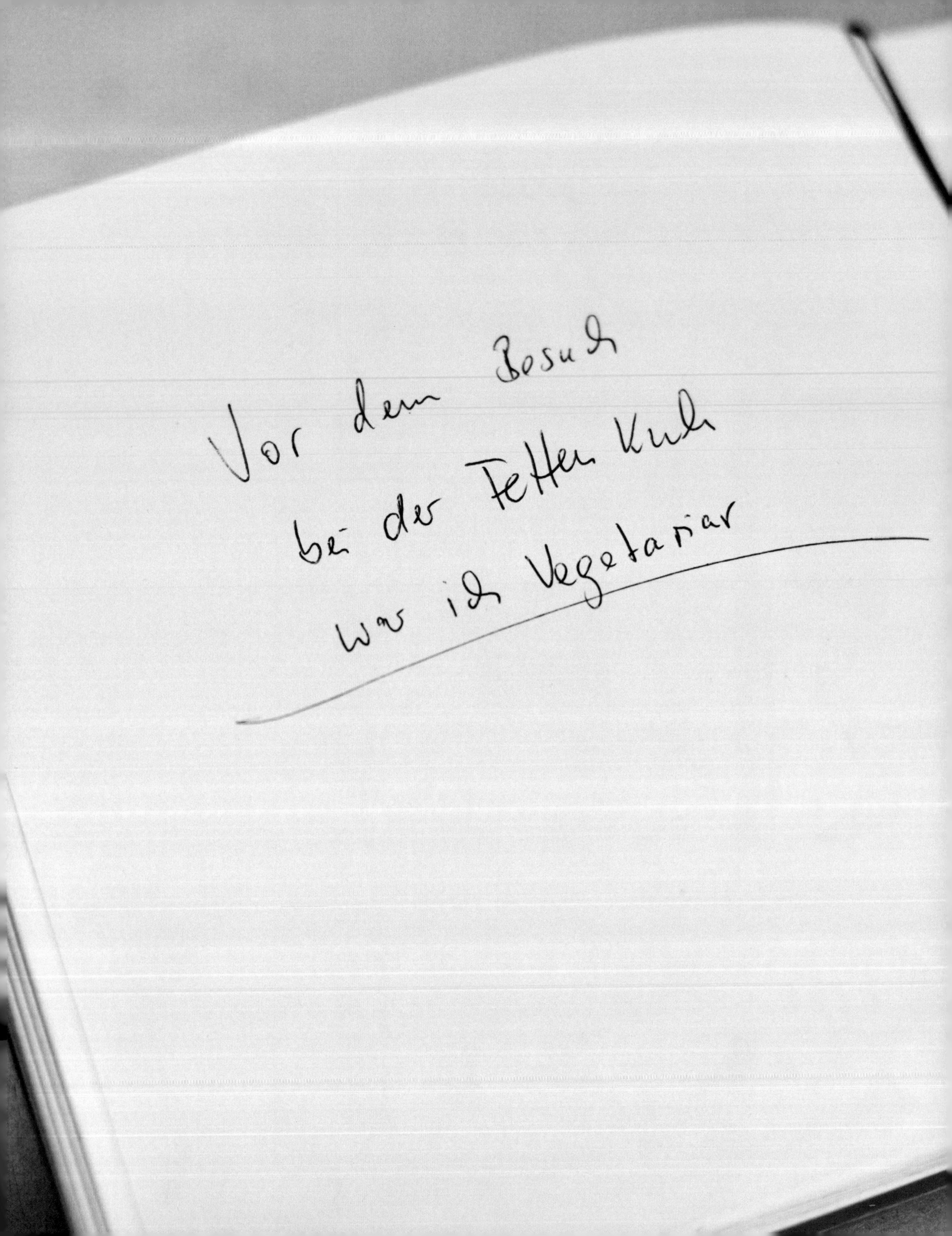
Vor dem Besuch
bei der Fetten Kuh
war ich Vegetarier

FETT KUH
QUALITY QUEEN

Rezepte aus dem kölner Kult-Imbiss

STAT.-TECNIC
Veredelungs-station
5

INHALT

Rindfleisch stammt
ausschließlich von
niederrheinischen Weidetieren
nie gefroren.
Das
die Burger wird
täglich
gewolft.

VORWORT

Nur einen Satz „Es ist alles wahr!“, tippte ich als Statusmeldung in mein Handy, nachdem ich meinen ersten Burger in der Fetten Kuh gegessen hatte.

Alles ist wahr: die berechtigten Lobeshymnen der Stammgäste, die herzliche Gastfreundschaft des Teams, die überbordende Kreativität der Köche, die das Konzept „Burger“ immer wieder neu erfinden. Wahr ist auch, dass in der Fetten Kuh noch nie einfach nur Burger serviert wurden. Die Fette Kuh steht für ein kluges, gut durchdachtes kulinarisches Konzept und für neue Ideen. Nachhaltigkeit und ökologisches Handeln sind hier nicht nur hippe Schlagworte, sondern werden gelebt und weiterentwickelt.

Die Jungs lieben, was sie tun – und das schmeckt man beim ersten Bissen. In der Fetten Kuh wird mit viel Liebe und Engagement Fast Food zu Good Food. Schnell sind dabei allenfalls die Köche am Grill, denn alles andere braucht Zeit, ist Handwerk, bedeutet Sorgfalt. Dafür stehen jederzeit die Chefs Walter Schnerring und Andreea Bratu sowie jeder einzelne Mitarbeiter im Team. Doch der Erfolg der Fetten Kuh beginnt viel früher, auch die vielen ausgesuchten Produzenten und Lieferanten gehören zur Familie: Rinderzüchter, Bauern, Bäcker und Metzger teilen diesen Qualitätsanspruch. Die Fette Kuh weiß: Geschmack beginnt auf dem Feld und dem Acker, in der Natur. Mit Liebe und Sorgfalt ist auch dieses Buch gemacht, das die bislang besten Rezepte und Kreationen aus der Fetten Kuh all jenen präsentiert, die nicht in Köln leben. Die Anleitungen sind verständlich und gelingsicher, notiert von Walter Schnerring und Martin Block. Darüber hinaus liefert der Band informative Warenkunden und lesenswerte Porträts all jener Menschen, die zum Erfolg beitragen, bietet Einblicke in Kreation und Produktion, zeigt das Handwerk, die ganze kulinarische Welt der Fetten Kuh. Erhellend und unterhaltsam geschrieben sind die Texte und Reportagen von Martin Weber. Und ein opulenter Bildband ist „Das Fette Buch“ auch, lebendig, nah und appetitanregend fotografiert von Angela und Martin Langhorst. Herausgegeben und gestaltet wurde es von Alex Ziegler – ein Kochbuch wie ein Burger aus der Fetten Kuh: mächtig appetitlich, kreativ durchdacht, eine köstliche Kreation, gekonnt mit Liebe und Witz serviert! Wirklich wahr.

Stevan Paul

THE
WURST CASE SZENARIO™
PREMIUM HOT DOGS

Von links nach rechts: Martin Block, Andreea Bratu und Walter Schnerring.

Burrata & Spargel
10,90€
Ahuacamolli Burger 8,90 7,90 7,90
mit Guacamole aus HASS Avocados, Tomate, roten Zwiebeln, Knoblauch und Koriander, auf Wunsch scharf oder extrascharf
Regular Small
Bunter Salat 7,80 4,80
mit Kirschtomaten, gerösteten Kernen und Parmesan, wahlweise mit Vinaigrette, Balsamico-Honig- oder Sesam-Dressing
Extras
Für 1€ gibt's
karamellisierte Zwiebeln, Jalapeños, Bacon, Chili con Carne, Spiegelei, Avocado Cheddar, Gruyère oder Blauschimmel
Für 2,50 gibt's
240g statt 120g
Für 3,50 gibt's
400g statt 200g

Die Fetten

DIE BURGER-BEWEGUNG

Mastermind und Creative Burger Director – zwei Männer, ein Ziel: einfach gute Burger machen.

Dieses Ansinnen hat Walter Schnerring und Martin Block bei ihrer Arbeit zusammengebracht. Und bringt sie mitunter noch immer gemeinsam an einen Grill. Der eine – Walter Schnerring – ist der Mastermind und Macher bei der Fetten Kuh, einem Burger-Laden in der Kölner Südstadt, dessen Produkte auch Menschen das Wasser im Munde zusammenlaufen lassen, die nicht im Schatten der Domtürme wohnen; die Fette Kuh ist weltberühmt in Köln und längst auch über die Stadtgrenzen hinaus populär. Der andere – Martin Block – ist im Geschmacksbereich der Fetten Kuh der Kreativkopf. Bevor wir die beiden vorstellen und auch ein paar andere Menschen kennenlernen, die dafür sorgen, dass in der Fetten Kuh gutes Fleisch auf den Grill kommt und perfekte Burger über die Theke gehen, noch einmal zurück zum Vier-Wort-Glaubensbekenntnis der Fetten Kuh: einfach gute Burger machen. Klingt simpel, ist es aber nicht.

Weil man allerhand wissen muss, um einfaches Essen groß rauszubringen. Und weil die Sache mit den Burgern jetzt mal langsam durch sein müsste. Eigentlich. Aber ein Ende ist nicht in Sicht. Burger boomen nach wie vor, die etwas andere Burger-Bewegung ist immer noch im Gange. Und hat nach wie vor mächtig Schwung. Es vergeht kaum eine Woche, in der nicht in irgendeiner Stadt und irgendwo in der Provinz ein neuer Burger-Laden aufmacht. Und manchmal eröffnen die alternativen Burger-Brater ihre Läden sogar schneller, als man „Blaubeerpfannkuchen“ sagen kann. Einmal kurz nicht hingeguckt, und schwuppdiwupp hat schon wieder ein Fachgeschäft eröffnet, in dem Fleisch zwischen zwei Brötchenhälften angeboten wird. Warum ist das so? Weil sich bei vielen Menschen die Erkenntnis durchgesetzt hat, dass auch einfaches Essen handwerklich tipptopp zubereitet sein kann. Mit guten Produkten, die nicht unbedingt bio sein müssen, aber – soweit möglich – aus der Region stammen und mit Ideen, für deren Entstehung es etwas länger braucht. Länger jedenfalls, als ein in Papier eingewickelter Cheeseburger in der Wärmerutsche liegt und in der Pforte des lauwarmen Geschmacks darauf wartet, in den Kundenmund gebracht zu werden.

Alternative und oft inhabergeführte Burger-Läden kümmern sich liebevoll darum, dass das übereinandergestapelte Essen zwischen zwei Brötchenhälften – Fleisch und Käse, Bacon, Salat, Saucen, Dressings und was da noch so alles zwischenpasst – ausdauernd der Erdanziehungskraft trotzt. Und dabei auch noch verdammt gut aussieht und lecker riecht. Farbenfroh bis kunterbunt sind die Burger aus handwerklicher Fertigung. Die Kundschaft dafür ist vorzugsweise zwischen 15 und 35 Jahre alt – und wenn sie biologisch älter ist, ist sie eins auf jeden Fall geblieben: young at heart. Indie-Burger-Läden sind hip, Burger haben auf einmal Sex-Appeal, und weil Burger-Läden mit großer Selbstverständlichkeit ihre Produkte auch in Veggie-Varianten anbieten, gehen sie auch als Orte der Vielfalt durch. Egal, wie groß der Hype um Burger gerade ist und wie viel Chichi auch gerade um das Patty – so nennt der Fachmann die gegrillte Hackfleischscheibe in der Burger-Mitte – gemacht wird: Der Burger war, ist und bleibt das Fleisch für jedermann. Quer durch alle sozialen Schichten wird er weltweit gegessen. Und wenn ihn hierzulande Otto Normalverbraucher und Erika Mustermann, nachdem sie ihn anfangs noch mit Messer und Gabel zerlegten, zwischen die Daumen und die übrigen Finger klemmen, trieft das Fett fröhlich aus den Mundwinkeln. Die Geschmacksnerven haken sich bei diesem haptischen Erlebnis ein und tanzen Ringelreihen. Wie lange der Burger-Boom anhalten wird, kann niemand vorhersagen. Dass er nicht ewig währt, ist sicher; Langlebigkeit gehört nun mal nicht zum Wesen eines Booms.

Die Läden aber, die nicht nur den ersten Schmacht nach Burgern bedienen, sondern mit Qualität, Handwerk und immer wieder neuen Ideen dauerhaft überzeugen, werden weiter bestehen. Und als Mitglieder einer ganz eigenen Burger-Bewegung das haben, was immer und überall und für uns alle gut ist: Zukunft. Die Fette Kuh, in der Kölner Südstadt unweit vom Chlodwigplatz gelegen, ist so ein Burger-Laden, der das gewisse Etwas und noch viel mehr hat. Die noch junge Geschichte der Fetten Kuh zu erzählen, ist eine spannende Angelegenheit; here we go ...

ALLES AUF ANFANG

Irgendwann war das Gefühl einfach da. Aus guter Handwerksarbeit und guten Zutaten einen geilen Burger machen zu wollen.

Da war es, das Gefühl. Es muss doch mehr geben als McDonalds. Und das Gefühl, nicht mehr für andere arbeiten zu wollen. Sondern sein ganzes Wissen und alle handwerklichen Fähigkeiten in eigene Ideen fließen zu lassen. „Es war Zeit für eine Selbstständigkeit", sagt Walter Schnerring, „und außerdem waren Burger schon immer mein Thema. Vor allem in Asien habe ich mitbekommen, welche Rolle diese Form des American Lifestyle beim Essen spielt. Ich gehöre zur Generation McDonalds, damit bin ich aufgewachsen. Genau deshalb ist die Idee entstanden, es anders zu machen: Burger, die qualitativ hochwertig sind, die schön aussehen, und lecker sind."

»Das, was ich als Koch gelernt habe, und meinen Anspruch an gutes Essen möchte ich in einen Burger packen.«

Walter Schnerring ist in Augsburg geboren, im Alter von sieben Jahren mit den Eltern nach Hongkong ausgewandert und dort aufgewachsen. Als Erwachsener und gelernter Koch ist er gut rumgekommen in der Welt, hat in Fünf-Sterne-Hotels, diversen Hotelketten und in Sterne-Küchen am Herd gestanden. Bis dann, nach einer letzten Station als angestellter Koch in einem Restaurant in Köln-Ehrenfeld, die Idee mit den Burgern groß und größer wurde. Ungefähr anderthalb Jahre hat es gedauert, bis diese Idee in die Realität umgesetzt war. Ein Businessplan musste erstellt, Rezepturen entwickelt und Fleischmischungen kreiert werden und dann galt es natürlich noch, ein Ladenlokal zu finden. „Das war das Schwierigste, weil wir am Anfang nicht viel Geld hatten und sparsam sein mussten. Die Grundidee hinter der Fetten Kuh ist dagegen ganz einfach. Handwerksarbeit ist mir sehr wichtig. Das, was ich als Koch gelernt habe, und meinen Anspruch an gutes Essen möchte ich in einen Burger packen."

Dass Martin Block den letzten Satz von Walter Schnerring komplett unterschreibt: Ehrenburgersache. Aber weil Wortspielereien rund um Burger ab sofort einen Kurzurlaub in der Buletten-Systemgastronomie nach sich ziehen, geht's beinahe ansatzlos zurück zum guten Burger. Und hin zum Kreativkopf Martin Block. Was er bei der Fetten Kuh alles macht, weiß Martin Block natürlich ganz genau. Er braucht auch nicht lange, um aufzuzählen, wie sich sein Aufgabenbereich definiert. „Ich erstelle den Dienstplan für das Personal und motiviere die Mitarbeiter. Ich kümmere mich um die Bestellungen, koordiniere die Lebensmittel- und Getränkelieferungen und achte darauf, dass die Hygienebestimmungen eingehalten werden. Und ich gucke regelmäßig am Grill, ob die Qualität stimmt."

Wer Martin Block zuhört, merkt eins sofort: Der Mann ist, und darin Walter Schnerring wahrlich mehr als nur ein bisschen ähnlich, Feuer und Flamme für seinen Job. Und er vermittelt den Eindruck, dass er sich da, wo er gerade ist, absolut richtig und zufrieden fühlt. Nur bei einer Sache

> *»Die machen die Burger hier so, wie ich sie richtig geil finde.«*

klemmt es ein bisschen. Wenn es darum geht, seinen diversen Tätigkeiten im Kontext der Fetten Kuh unter einem Begriff zusammenzufassen, zögert Martin Block. „Als Geschäftsführer sehe ich mich nicht. Küchenchef bin ich auch nicht wirklich, weil ich ja nicht kontinuierlich aktiv bin im Tagesgeschäft des Ladens. Außerdem gibt es in der Küche den Souschef, der im Schichtbetrieb darauf achtet, dass alles glatt läuft. Vielleicht bin ich so eine Art Küchendirektor." So entschieden unentschieden Martin Block ist, wenn es um ein Etikett für seine Aufgaben bei der Fetten Kuh geht, so eindeutig gastronomisch geprägt ist sein beruflicher Lebensweg. Nachdem er zunächst als Kellner und Küchenhilfe gejobbt hatte, machte Martin Block, heute Anfang 30, in einer Hildener Großküche eine Kochlehre. Später stand er im Düsseldorfer Maritim, dem größten Hotel in Nordrhein-Westfalen, am Herd und kochte sich schließlich in Richtung Köln und weiter nach vorn: In der „Wolkenburg" war er Souschef. Dort machte ihn ein Arbeitskollege auf die Fette Kuh aufmerksam, und von diesem Zeitpunkt an war es um ihn geschehen. „Burger waren schon immer ein Thema für mich. Schon als ich bei der Kuh in der ersten Zeit als Aushilfe gearbeitet habe, wusste ich: Die machen die Burger hier so, wie ich sie richtig geil finde." Von Anfang an dabei war Martin Block im Kosmos der Fetten Kuh nicht, voll dabei ist er aber beim Thema Burger seit vielen Jahren.

Die fette Familie

Foxy: *Vorkoster*

HIGH NOON

Um High Noon erfolgt die Erlösung für die hungrige Kundschaft, die schon in Schlangen vor dem Laden wartet – die ersten Pattys wandern auf den Grill.

Die Fette Kuh gibt es seit 2011, und bis auf den Ruhetag am Dienstag sieht es auf dem Bürgersteig vor dem Laden jeden Tag gleich aus. Spätestens ab Viertel vor zwölf stehen die Leute an, um kurz vor zwölf hat die Schlange eine beträchtliche Länge und um High Noon erfolgt dann die Erlösung für die hungrige Kundschaft: Die Fette Kuh öffnet, die ersten Pattys wandern auf den Grill. „Wir waren uns sicher, dass das Konzept funktioniert", sagt Walter Schnerring. „Weil wir wussten, was wir für Produkte raushauen, und uns sicher waren, dass wir was können. Aber dass es solche Ausmaße annimmt, davon haben wir nicht zu träumen gewagt. Es wächst uns manchmal im positiven Sinne über den Kopf."

Und hier kommt Andreea Bratu ins Spiel. Als Schauspielerin hat sie dabei einfach das perfekte Timing. Und als Inhaberin den Laden fest im Griff. Sie sorgt dafür, dass alles läuft. Dass alle an einem Strang ziehen. Ihre Bodenhaftung behalten. Immer. Und sie weiß, wovon sie spricht. Sie ist ein echtes Gastro-Kind. Und nicht nur das. Fast 30 Jahre Erfahrung in den unterschiedlichsten Gastronomie- und Hotelleriebetrieben hinterlassen Spuren. Und machen gelassen. „Die erste Zeit in der Kuh hab ich quasi dauerhaft hinter der Kasse gestanden und weiß, was das bedeutet nonstop für die Gäste parat zu stehen. So kann ich heute die Sorgen der Kollegen nachvollziehen und alle mitnehmen. Glücklicherweise haben wir so fantastische Menschen in der Kuh versammelt, dass das immer wieder eine Riesenfreude macht." Völlig überwältigt beobachtet Andreea, wie sich um zwölf die Tür öffnet und die Schlange glücklich in den Laden einrückt. Gänsehaut pur. Die Vegetarierin liebt es daher, im trubeligen Gastraum zu sitzen. „Ich bin froh und dankbar über das, was wir geschafft haben." Walter Schnerring wirkt ebenso stolz, wenn er über seinen Burger-Laden spricht. Und zugleich so energiegeladen und hibbelig, als würde sich schon der nächste Gedanke nach vorne drängeln, obwohl der aktuelle noch gar nicht komplett fertig ist. „Ich bin für die Kuh so etwas wie der Hausmeister. Ich achte darauf, dass alles klappt. Kümmere mich darum, dass das Team zusammenbleibt und dass die Stimmung gut ist. Die Qualität muss stimmen und die Kreativität bleiben. Das, was

»Einen Qualitätsstandard hält man nur, wenn man nicht stillsteht.«

im Laden rausgeht, muss dem entsprechen, was die Fette Kuh ausmacht." Was Die Fette Kuh ausmacht, haben die Chefs und alle Mitarbeiter im Laufe der Jahre herausgefunden. Und in der tagtäglichen Arbeit am und um den Grill herum findet sich noch das eine oder andere, was man verbessern oder verfeinern kann. Hier eine Kleinigkeit, dort ein Feintuning. Klar ist jedenfalls: Einen Qualitätsstandard hält man nur, wenn man nicht stillsteht. Und gute Produkte kriegt man nur hin, wenn man mit guten Leuten zusammenarbeitet. Genau das machen die Leute von der Fetten Kuh. Sie kennen den, der ihre Buns backt. Sie wissen, wer für sie die Kartoffeln für die Pommes aus dem Boden holt. Und sie haben jemanden, der für sie exklusiv Biere braut. Und all diese Menschen, die sich im Geschmackskosmos der Fetten Kuh tummeln, stellen wir in diesem Buch vor. Persönlich. Direkt dran. Unmittelbar.

Wenn Qualität und Kreativität miteinander familiär werden sollen, kommt für Martin Block der „Burger der Woche" ins Spiel – der ist ihm bei seiner Arbeit ein besonderes Anliegen. „Ich freue mich immer, dass wir die Ideen für den Burger der Woche im Team entwickeln und auch gemeinsam entscheiden, welcher es nun wird. Gut ist, wenn es besondere Zutaten in den Burger schaffen. Und wenn die, wie zum Beispiel bei unserem Enten-Burger, schön interpretiert sind, unterscheidet uns diese Art von Kreativität von anderen Burger-Läden." Auf seinem Blog „Bacon Bakery" geht es Martin Block um Bacon, BBQ, Beer und Burger. Um selbst immer auf dem Laufenden zu bleiben, liest er verschiedene Blogs und tummelt sich in diversen sozialen Netzwerken. Instagram, Twitter und Facebook sind ihm so vertraut wie Grillarbeiten am Herd oder im Park beim #meatup-cgn. Was er dabei alles so mitbekommt, empfindet er als inspirierend. „Pulled Hämmchen. Kürbiskernketchup. Einen Salat mit Grapefruit-Öl anrichten. Das klingt alles toll, macht mich neugierig und lässt mich neugierig bleiben."

Mit ihrem Konzept, ihren Ideen und ihrer Kreativität hat sich die Fette Kuh – wir erwähnten es bereits – auch außerhalb der Schatten der Türme des Kölner Doms ein prächtigen Ruf ergrillt; 2014 wurde die Lokalität im GaultMillau als „einfache Gaststätte" ohne Punkte-Benotung vorgestellt. Mit dieser Kategorisierung ist Walter Schnerring schwer einverstanden; mit der Etikettierung „Manufaktur", die im Zusammenhang mit Currywurst-, Eis-, Pasta- und Hamburger-Geschäften gerade inflationiert, kann er dagegen nichts anfangen. „Das ist ein Möchtegern-Battle, das finde ich grauenhaft. Die Fette Kuh ist ein Laden, der aus guten Produkten mit handwerklichem Können gutes Essen herstellt. Wir sind ein Imbiss."

Damit das Grillgut der Fetten Kuh weiterhin bestens bei der Kundschaft ankommt und außerdem die Stimmung im Team (das zurzeit, inklusive Andreea Bratu und Walter Schnerring, aus 40 Mitarbeitern besteht) freundlich und familiär bleibt, werden regelmäßig Reize gesetzt, von denen die Gäste profitieren. „Wir haben viele gelernte Köche im Team. Jeden Tag nur Buletten umzudrehen ist denen auf Dauer zu langweilig. Deshalb kreieren wir mit dem ganzen Team den sogenannten Burger der Woche, den es eben nur für genau eine Woche gibt. Auf den kommen Zutaten, die nicht standardmäßig auf der Karte stehen und mit denen wir bewusst versuchen, nicht alltäglich zu sein. Da gibt es dann Wildschwein- oder Lamm-Pattys, Sucuk und Pastrami, weiße BBQ-Sauce und Himbeerketchup. Zu Karneval hat unser Bäcker Krapfen als Buns gebacken und dazu gibt's essbares Konfetti. Es gibt so viele Produkte auf dieser Welt und ein paar von denen legen wir eben auf die Burger drauf. Weil wir zusammen Bock dazu haben."

»Hühnerfüße und Kaviar – es gibt Grenzen!«

Als Kreativkopf der Fetten Kuh schätzt Martin Block den Austausch zwischen Experten und Laien im digitalen wie im analogen Leben, um den Stellenwert guten Essens in das Bewusstsein von immer mehr Menschen zu pflanzen. „Die Leute wollen besser essen und sie wollen auch bessere Burger haben." Damit ihm die Ideen für gute und ungewöhnliche Burger für die Fette Kuh nicht ausgehen, besucht Block auf seinen Reisen regelmäßig Burger-Läden. Aktuell hat es ihm einer in Amsterdam besonders angetan. „Im Cannibale Royale stecken sie frittierte Hühnerfüße in die Burger. Was hier ungewöhnlich wirkt, ist in Asien völlig normal. Ich persönlich würde das ja abfeiern. Wichtiger ist mir aber, dass ich in der Fetten Kuh mit der Qualität des Essens überzeugen will. Und nicht mit Gimmicks."

Vielfalt hat immer eine Chance im Kontext der Fetten Kuh, Überkandideltem ergeht es allerdings wie Hunden vor der Metzgerei: Es muss draußen bleiben, da lässt Walter Schnerring ausnahmsweise mal nicht mit sich reden. „Kaviar kommt mir genauso wenig auf den Burger wie Pute und Krokodil- oder Kängurufleisch gehört auch zu den Produkten, bei denen ich mein Burger-Veto einlege und Nein sage." Funfact am Rande: Dass mit dem Neinsagen klappt nicht immer bei Walter Schnerring. Erst vor ein paar Wochen ist es ihm passiert, dass er wider besseres Wissen bei McDonalds gelandet ist. „Ein Klassiker. Nach einer langen Fahrt Hunger auf der Autobahn. Von der Autobahn runter, bei McDonalds rein. Hatte ich viel besser in Erinnerung als das, was tatsächlich dabei geschmacklich rumgekommen ist. Da ist mir mal wieder klargeworden, was ich schon länger weiß: Burger sollte man nicht McDonalds überlassen."

Bestellung
Nicht vergessen
Für Produktion: Möllers, Gemüse
MO: Kartoffeln, Fleisch
DI: Buns, Gemüse
Blumen checken
MI: Buns, Gemüse
Getränke -> Fr.
DO: Buns, Gemüse, Fleisch
Getränke -> Mo.
FR: Buns, Gemüse 2days
SA: Buns,
SO: Buns, Gemüse

1
MARTHA
2
3
ELENA H.
4
LILI
5
LEA
6
7
ELENA K.
8
PINTO
9
ANDRES
10
PACO
11
CHRIS
12
RICHY
13
14
FLORIAN
15
SERKAN
16
17
MARCEL
18
19
LEEL
20
RANUKA
21
22
ERAY
23
LENNY
24
JANEK D
25
26
27
JONAS
28
MARKUS G.
29
Paris
30
31
32
33
JO
34
Maiko
35
TIGER
36
37
38
39
40

Martin: *Creative Burger Director*

DER BURGE BAUKA

Ein Rundgang auf der Burger-Baustelle macht Laune – aber leider auch Hunger. Also: ganz schnell schauen, was alles so zusammenpasst, einkaufen und loslegen!

R-
STEN

WISSEN IST MACHT

Wer weiß, wie sich Zutaten miteinander verhalten, hat die Macht, die besten Burger zu bauen! Wir stellen euch unglaublich viele Zutaten vor, die auf der Burger-Baustelle in der Fetten Kuh verarbeitet werden. Jede Zutat hat besondere Eigenschaften. Manche Produkte sind eigenwillig und eigenständig und wegen ihrer offensiven geschmacklichen Präsenz merkt man sofort, wenn sie auf einem Burger ihren Platz besetzt haben. Solche Zutaten brauchen starke Partner, die ihnen geschmacklich etwas entgegensetzen können – oder aber man lässt sie allein stehen, weil sie auch bei einem Soloauftritt eine gute Performance abliefern. Andere Produkte wiederum sind echte Allrounder und unterstützen nahezu alle Geschmäcker.

Und wie immer bei Fragen rund ums Essen gilt natürlich auch auf der Burger-Baustelle: Viele Zutaten sind absolute Geschmackssache. Der eine steht voll drauf, der andere entwickelt einen pantomimischen Herpes, wenn er sie nur sieht. Unser Baukasten bietet jedenfalls viele Gestaltungsmöglichkeiten – da dürfte wirklich für jeden Geschmack etwas dabei sein.

Wenn ihr einen Burger selbst entwickeln und dann auch noch stabil belegen wollt, solltet ihr ein paar Dinge beherzigen. Dabei geht es nicht um starre Regeln, die ein für alle Mal feststehen. Sondern um Erfahrungswerte, die wir von der Fetten Kuh nach jahrelanger Arbeit und in der täglichen Praxis auf der Burger-Baustelle gesammelt haben. Los geht es beim Zusammenstellen des Burgers mit dem Bun – es sei denn, ihr habt vor allem die Kohlenhydratminimierung im Sinn und macht einen auf Low-Carb-Burger – uaaaa! Wenn es darum geht, einen klassischen Burger bissfest und lecker zu gestalten, ist und bleibt das Bun die erste Baumaßnahme. Direkt auf das Bun kommt der Salat. Der sorgt dafür, dass nichts ins Brötchen durchsuppt, wenn dieses nach dem Auflegen des Salats mit Tomaten, Sauce(n) und allerlei anderen Zutaten familiär wird.

Als Nächstes wird der frisch gegrillte Patty auf dem Burger platziert, der, je nach Gusto, schon mit geschmolzenem Käse auf das Bun kommt. Auf das Patty kommen dann diverse Toppings und eventuell noch einmal Sauce(n). Zum Schluss kommt die zweite Bunhälfte dahin, wo auch die Krone bei der britischen Queen hinkommt: obendrauf. Fertig ist der Burger!

Bun
Toppings
Käse
Patty
Saucen
Tomaten
Zwiebeln
Salat
Bun

DER BUN KING

ALTES BEWAHREN, NEUES HINZUFÜGEN

Eine Bühne ist weit und breit nicht in Sicht. Und doch wirkt das Szenario wie eine gelungene Aufführung mit ausgefeilter Choreografie, die mitunter etwas von der Perfektion eines Balletts hat.

Die Bewegungen sind einstudiert, die Handgriffe sitzen, das Zusammenspiel klappt. Wie immer gilt dabei: Wenn die Nacht am tiefsten ist, ist der Tag am nächsten.

»Backen ist wie Ballett – elegant und perfekt!«

Seit kurz vor eins ist Mathias Ecke auf den Beinen, zwei Stunden nach Mitternacht kommen seine Angestellten dazu, fünf ausgebildete Gesellen. Mathias Ecke, Mitte 40, ist Bäckermeister und die Bäckerei, die er auf der Aachener Straße in Köln führt, besteht bereits seit mehr als 100 Jahren. 1903 von Ferdinand Ströhmeier gegründet, übernahm Hubert Ecke, der Vater von Mathias, den Betrieb 1974. Mittlerweile ist Mathias Ecke der Chef und die Bäckerei Ecke hat, umgeben von zahlreichen Filialisten und Backshop-Ketten, ein besonderes Merkmal: Im Stadtteil Braunsfeld ist sie die einzige Bäckerei mit angeschlossener Backstube. Wenn die Backstube Nacht für Nacht mit einer einstudierten Choreografie zu einer Art Bühne wird, weiß Mathias Ecke, worauf es ihm ankommt. „Eine gewisse Erdigkeit ist mir wichtig“, sagt er, „in der Backstube muss Handarbeit verrichtet werden. Ich habe alte Rezepturen von meinem Vater übernommen und ich habe den Betrieb nach und nach auf neue Anforderungen eingestellt. Für mich gilt: Altes bewahren, Neues hinzufügen.“ Wo immer es geht, vermeidet Mathias Ecke Tiefkühl- und Convenience-Produkte, vorgefertigte Teiglinge kommen für ihn nicht infrage. Die verschiedenen Teige, die von Hand verarbeitet, abgewogen, gewirkt und in Form gebracht werden, bekommen in der Backstube ihre Ruhezeiten; in handwerklicher Herstellung dauert es eben seine Zeit, bis sie zu Brot, Brötchen oder Naschwerk verarbeitet werden. „Ich kann nicht jeden einzelnen Inhaltsstoff zurückverfolgen, das ist mir bewusst. Unser Malzbackmittel kommt zum Beispiel von einem großen Hersteller, der auch Brauereien beliefert. Aber ich kann, wo immer es geht, auf regionale Produkte setzen. Unser Mehl kommt aus einer Mühle vom Niederrhein und wir verwenden in der Backstube ausschließlich Frischei. Die Höfe, von denen wir die Eier beziehen, kann ich mir jederzeit angucken.“

»Unser Mehl kommt aus einer Mühle vom Niederrhein.«

So unaufgeregt wie aufrecht wirkt Mathias Ecke, wenn er über sein Handwerk erzählt; er vermittelt in jeder Sekunde den Eindruck, dass er auch nach über 30 Jahren seinen Beruf noch leidenschaftlich ausübt und sich nach wie vor gerne neuen Herausforderungen stellt. Als sich die Zusammenarbeit mit der Fetten Kuh anbahnte, kam auf jeden Fall eine auf Mathias Ecke zu. „Natürlich weiß ich, wie man ein rundes Brötchen backt. Aber hier ging es darum, zusam-

Vier der fantastischen sechs Bäcker aus Braunsfeld

men mit Walter ein neues Produkt zu entwickeln, und dafür haben wir mehrere Probebackungen gemacht. Die Ergebnisse waren durchaus unterschiedlich. Also haben wir die Nuancen so lange verfeinert, bis wir sagen konnten: Das Bun passt am besten zum Gesamtprodukt Burger, wie ihn die Fette Kuh zubereitet. Zum Beispiel deshalb, weil es am besten die Sauce hält und nicht schnell durchweicht." Wie man eine festere Krume herstellt und somit erreicht, dass das Brötchen Saucen und andere Dressings gut aufnimmt und nicht leicht zermatscht, verrät Mathias Ecke nicht: „Das ist natürlich ein Betriebsgeheimnis. Wichtig ist auch noch etwas anderes. Das Bun muss einen Eigengeschmack haben, darf aber den Geschmack der Pattys und den der anderen Zutaten nicht überlagern."

Dass Bun nicht gleich Bun ist, merkt man sofort, wenn man ein Burger-Brötchen der Fast-Food-Ketten vor Augen hat. „Die Dinger zerfallen in der Hand, sobald da etwas zwischen

BÄCKEREI

Fortuna

ist." Damit das nicht passiert, gilt es, die richtigen Parameter zu finden. „Das Verhältnis von Mehl-, Fett- und Wasseranteil muss stimmen. Dann sollte man wissen, wie viel Salz man hineintut, und überlegen, ob man auch Zucker verwendet. Wenn die Verhältnisse untereinander stimmen, kann man sie zum Backen bringen. Die Buns für die Fette Kuh haben ein bestimmtes Gewicht und eine bestimmte Größe, sie sollen ja perfekt zwischen Daumen und die übrigen Finger einer Hand passen." Mathias Ecke ist mit Leib und Bäckerseele dabei, wenn er die Eigenschaften der Buns preist, die er für die Fette Kuh in sechs Nächten pro Woche immer frisch backt. Je nach Bestellung backt er zwischen 500 und 750 pro Nachtschicht und er freut sich auch darüber, dass sein Team beim Projekt Burger-Brötchen engagiert mitzieht. „Früher haben wir nur Brot und Brötchen ausgeliefert, heute ist das etwas hipper. Mit den Buns beliefern wir eine ganz andere Szene. Ein paar meiner Mitarbeiter sind um die 30, die essen gern und regelmäßig gute Burger. Und wenn die in der Kuh dann einen Burger bekommen, für den sie das Bun gebacken haben, und auch noch mitkriegen, wie das alles bei der Kundschaft ankommt, haben die da nicht nur Spaß dran. Sondern finden das richtig sexy."

»Zu Karneval gibt's auch mal rosa Buns.«

Für Experimente mit den bewährten Buns ist Mathias Ecke immer zu haben, dafür werden diese leicht variiert. Zu Karneval hat er für die Fette Kuh schon mal rosafarbene Brötchen gebacken. „Das Rosa bekommt man entweder mit Lebensmittelfarbe hin oder man verwendet Rote-Bete-Saft. Und als der Burger der Woche in der Kuh einmal schwarz sein sollte, haben wir die Buns etwas hochporiger gebacken. Die größeren Poren nehmen die Sepiatinte besser auf, die für die schwarze Farbe der Brötchen verantwortlich ist." Mit 16 hat Mathias Ecke seine Bäckerlehre angefangen, rund 30 Jahre später ist er immer noch gerne Bäcker. Und macht Nacht für Nacht mit seinem Team in seiner Backstube etwas, das natürlich kein Ballett ist. Aber als Handwerk genauso perfekt rüberkommt.

Fortuna
Preßdruckeinstellung
Automat
Aus
Ein
Automat

BU

Auf den ersten Blick haben die beiden Dinge nichts miteinander zu tun. Und doch verhält es sich mit einem perfekt gemachten Burger so wie mit einem stabil gebauten Haus.

Worauf es hier wie da ankommt, ist ein solides Fundament. Genau wie ein Fundament ein Haus trägt, sorgt ein mit Bäckerhandwerkswissen hergestelltes Bun dafür, dass all das, was man zwischen zwei Brötchenhälften packen kann, Halt findet und getragen wird. Ganz wichtig dabei: Ein Bun muss einen Eigengeschmack haben, darf aber den Geschmack der Pattys und den der anderen Zutaten nicht überlagern. Für die Statik des Burgers ist es wichtig, dass das Bun weich, aber eben auch nicht zu weich ist. Ist das Bun zu weich, suppen die übrigen Zutaten schnell durch und der Burger kommt erst gar nicht in voller Pracht am hungrigen Mund an.

Die pappigen, oft trockenen und fast immer geschmacksfernen Buns von irgendwelchen Fast-Food-Ketten kann man getrost vergessen. Auch für die Hamburger-Brötchen, die man im Supermarkt kaufen kann, gilt folgende Bedienungsanleitung: Am besten da liegen lassen, wo sie sind. Im Verkaufsregal. Ein handelsübliches Brötchen, das nicht aus einer Backfabrik kommt, sondern von einem Bäcker hergestellt wurde, ist in dem Fall ganz klar die bessere Wahl. Oder natürlich selbst backen!

KLASSISCHES BUN

Das klassische Bun lässt sich für alle Burger verwenden; nach Geschmack mit Sesam bestreut.

CIABATTA-BUN

Zusätzlich zu Weizenmehl wird für dieses Bun Maismehl verbacken. Das lässt es im Biss fluffig erscheinen und zugleich gehaltvoll und nahrhaft wirken. Geschmacklich passt das Ciabatta-Bun hervorragend zu allen mediterranen Themen und schmeckt insbesondere prima zu Zutaten, die man mit Italien verbindet. So richtig in Schwung kommt das Ciabatta-Geschmackskarussell mit Caprese, Pesto und Mozzarella.

ROGGEN-BUN

Im Gegensatz zu den Weizen-Buns ist dieses geschmacklich deutlich eigenständiger. Weil das Roggen-Bun kerniger daherkommt, benötigt es einen starken Gegenpart. So ein Roggen-Bun ist so, wie Jürgen Kohler, Fußballweltmeister 1990, als Verteidiger war: deftig und aufrecht, Zärtlichkeiten kommen nicht ins Spiel. Bestens geeignet für die Kombination mit einem Roggen-Bun ist die traditionelle deutsche respektive die kölsche Küche. Geschmackliche Volltreffer erzielt man, indem man zum Beispiel Hämmchen, Schinken oder Sauerkraut zwischen die Roggen-Bun-Hälften packt.

SCHWARZES BUN

Dieses mit Tintenfischtinte gefärbte klassische Bun ist vor allem eins: ein optisches Highlight. Aber eben nicht nur. Abgesehen vom Hinguckereffekt, passt es zu allem Fischigen und Meeresfrüchten jedweder Art.

Weizen-Bun mit schwarzem Sesam

Schwarzes Bun mit Sesam

Klassisches Weizen-Bun
Roggen-Bun
Ciabatta-Bun

REZE

Der eigene Herd ist zwar Goldes wert, aber der eigene Backofen hat gegenüber dem von Bäcker Eckes doch ein paar Nachteile. Also nicht wundern, die Buns schmecken anders als in der Kuh. Lecker aber allemal!

CIABATTA-BUN

350 g Weizenmehl (Type 550)
140 g Hartweizengrieß
2 TL Salz
20 g frische Hefe
3 EL Olivenöl

Mehl, Grieß und Salz in einer Schüssel vermengen. Die Hefe in 250 ml lauwarmes Wasser bröseln und rühren, bis sich die Hefe aufgelöst hat. Olivenöl und Hefemilch zum Mehl geben und alles zu einem geschmeidigen Teig kneten. Mit einem feuchten Tuch bedecken und bei Zimmertemperatur 1–2 Stunde gehen lassen, bis der Teig sich verdoppelt hat.

Aus dem Teig zehn schöne Kugeln formen, auf ein mit Backpapier belegtes Blech setzen, mit etwas Mehl bestäuben und etwa 1 ½ Stunden gehen lassen. Den Backofen auf 200 °C vorheizen und im Ofen 15–18 Minuten backen.

KLASSISCHES WEIZEN-BUN

130 ml Buttermilch
20 g frische Hefe
500 g Weizenmehl (Type 550)
10 g Salz
35 g Zucker
40 g weiche Butter
1 EL zerlassene Butter
(alternativ verquirltes Ei)
ggf. schwarzer oder weißer Sesam

Buttermilch mit 120 ml Wasser lauwarm erhitzen. Die Hefe hineinbröseln und unter Rühren lösen. Mehl, Salz und Zucker vermengen, die Hefemischung und die weiche Butter dazugeben und in der Küchenmaschine zunächst langsam 3 Minuten, dann 5 Minuten auf einer hohen Stufe kneten. Alternativ mit der Hand 10 Minuten gut durchkneten.

Die Glutenstruktur muss gut ausgebildet sein und der Teig eine glatte Oberfläche besitzen.

PTE

Mit einem feuchten Tuch bedecken und bei Zimmertemperatur 1 Stunde gehen lassen. Aus dem Teig zehn schöne Kugeln formen, auf ein mit Backpapier belegtes Blech setzen und erneut 1 Stunde gehen lassen.

Den Backofen auf 190 °C vorheizen und einen feuerfesten Behälter mit 50 ml Wasser auf den Ofenboden stellen. Die Buns mit zerlassener Butter oder Ei bestreichen (wer mag, kann jetzt den Sesam drüberstreuen) und im Ofen 15–18 Minuten backen.

Die Buns können auch eingefroren werden. Einfach auftauen lassen und im Ofen noch einmal kurz auftoasten.

ROGGEN-BUN

1 EL Stärke
25 g frische Hefe
300 g Weizenmehl (Type 550)
200 g Roggenmehl (Type 1150)
1 Msp. Brotgewürz
10 g Salz
40 g weiche Butter
20 g Sauerteig
Brotgewürze wie Kümmel, Fenchel

Die Stärke in einigen Esslöffeln Wasser auflösen. 100 ml Wasser zum Kochen bringen und die Stärkemischung einrühren. Die Hefe in 220 ml lauwarmes Wasser bröseln und darin auflösen. Mehle, Brotgewürz und Salz vermengen, die weiche Butter, den Sauerteig und die Hefemischung in der Küchenmaschine zunächst langsam 5 Minuten, dann 3 Minuten auf einer hohen Stufe kneten.

Mit einem feuchten Tuch bedecken und bei Zimmertemperatur 2 Stunden gehen lassen. Aus dem Teig zehn schöne Kugeln formen, auf ein mit Backpapier belegtes Blech setzen und erneut 1 Stunde gehen lassen.

Den Backofen auf 210 °C vorheizen und einen feuerfesten Behälter mit 50 ml Wasser auf den Ofenboden stellen. Die Buns mit der Stärkemischung bestreichen und im Ofen 18–20 Minuten backen.

GEMÜSE SALAT

Manchmal kann das Leben sehr direkt sein. Und sofort passieren. Wie beim Salat. Der kommt ohne Umwege auf das Bun und erfüllt genau da zwei Funktionen.

Der Salat trennt zum einen alle Zutaten mit flüssiger und fettiger Konsistenz vom Backwerk, verhindert so Durchsuppen und hält das Brötchen frisch. Zum anderen sind Salate natürlich auch Geschmacksträger. Es gibt Salate, die zart und fein sind. Damit sie identifizierbar bleiben, brauchen solche Salate eine sanfte Begleitung. Und es gibt Salate, die bitter und offensiv schmecken. Diesen Sorten sollte man etwas entgegensetzen, das ein bisschen Wumms hat; bittere Salate vertragen das nicht nur, sie halten das auch bestens aus.

Natürlich spielen nicht nur diverse Salate bei der Burger-Belegung eine wichtige Rolle. Sondern zum Beispiel auch Zwiebeln und Tomaten. Auch die gibt es in vielen Sorten und unterschiedlichen Qualitäten, und man kann mit ihnen im Zusammenhang mit Burgern allerhand anstellen.

SPINAT

zeichnet sich durch süße und milde Elemente aus. In der Fetten Kuh wird Spinat nicht gekocht, sondern nur roh und mariniert verwendet. Mit asiatischen und mediterranen Zutaten lässt sich Spinat gut kombinieren.

RADICCHIO

ist ein herber Salat, der Bitterstoffe enthält. Familiär wird der Radicchio mit Wurst und süß-scharfen Sachen, er verträgt sich auch bestens mit italienischen und mediterranen Zutaten und dient im Gesamtkunstwerk der Burger-Gestaltung auch der Farbgebung: Optisch machen die verschiedenen Radicchio-Sortengruppen ganz schön was her.

FELDSALAT

passt sehr gut zu klassischen Rezepten aus der deutschen Küche. Er kann mit Spargel und diversen Kartoffelprodukten kombiniert werden und ist auch zusammen mit Speck eine verdammt leckere Angelegenheit.

TOMATEN ZWIEBELN

FRISÉE
ist eine bitter schmeckende Sorte des Endiviensalats. Seinen bitteren Geschmack kann man gut ausgleichen, indem man Frisée cremige und süße Produkte wie zum Beispiel Preiselbeerschmand und Orangen entgegensetzt. Ein kräftiger Camembert oder Brie passt ebenfalls gut zu einem Frisée.

RUCOLA
ist ein Salat mit ausgeprägt nussigem Charakter, dessen Geschmack sich gut in der Kombination mit Käsen, Tomaten und Schinken entfaltet.

ROMANA
ist ein echter Allrounder, der knackig und frisch zu vielen anderen Zutaten passt.

FRÜHLINGSZWIEBEL
Sie ist milder als normale Zwiebeln. Grillt man sie im Ganzen, kommt ihre Süße schön durch. Verwendet man sie roh und fein geschnitten, kann man sie gut mit asiatischen Zutaten einsetzen.

ROTE ZWIEBEL
Die rote Zwiebel hat einen sehr ausgewogenen Geschmack von geringer Schärfe und wird bei der Fetten Kuh ausschließlich roh verwendet; optisch macht sie durch ihre offensive Farbe auf jedem Burger etwas her.

SCHALOTTEN
sind im Gegensatz zu roten Zwiebeln schön scharf. Durch ihre Schärfe kann man mit ihr Chutneys, Dressings und Saucen ordentlich pimpen.

STRAUCHTOMATEN
stehen für all das, was man mit Tomatengeschmack verbindet. Mit ihrem ausgewogenen und eher zurückhaltenden Aroma ist sie universell einsetzbar.

OCHSENHERZTOMATEN
können bis zu 500 Gramm schwer werden. Die stark gerippte und fleischige Sorte enthält wenig Säure und viel Zucker. Außerdem ist sie viel aromatischer als die Strauchtomate. Durch ihre mehlige Konsistenz lässt sich die Ochsenherztomate gut marinieren.

FLASCHENTOMATEN
unterscheiden sich deutlich von den meisten anderen Tomatensorten, die rund sind: Sie sind relativ groß und länglich. Übrigens sind selbst die Pflanzen dieser Tomatensorte groß: Einige Flaschentomatenpflanzen können bis zu 5 Meter hoch werden. Weil die Tomaten sehr viel Fruchtfleisch enthalten, eignen sie sich sehr gut für die Zubereitung von Saucen und Chutneys. Ihren ganz eigenen Geschmack behalten Flaschentomaten auch, wenn man sie getrocknet verwendet.

Lychee Fruit Drink
Rubicon Drinks Ltd.,
Milton Keynes, MK17 8FL, UK
Best Before End: See Side of Pack

1422016

Spinat
Radicchio
Romanasalat

Friséesalat
Acker- bzw. Feldsalat
Rucola

Rote Bete
Frühlingszwiebel
Strauchtomate

Ochsenherztomate
rote Zwiebel
Flaschentomate
Schalotte

SAU

Bei Saucen gilt das, was bei allen Sachen gilt, die man essen kann: Sie sind totale Geschmackssache.

Der eine liebt Mayo, der andere geht steil für Ketchup, der nächste will nicht nur überall seinen Senf dazugeben. Sondern ihn vor allem haben. Im Burger seiner Wahl. Zwischen all den anderen leckeren Zutaten. Saucen – soviel ist bei allen Fragen in Sachen verschiedener Geschmäcker klipp und klar – können einen Burger komplett verändern. Oder aber die Geschmacksrichtung unterstützen, in die er ohnehin schon unterwegs ist. „Some girls are bigger than others", um einfach mal einen Songtitel von The Smiths zu zitieren – oder auch: Manche Saucen eignen sich für bestimmte Kombis einfach besser als andere.

Im Folgenden ein paar Tipps, welche Saucen sich im Zusammenspiel mit bestimmten Burgern und ausgesuchten Zutaten besonders gut machen:

MAYO

Klassiker. Geht immer. Zu allem und immer wieder.

SESAM-MAYO

passt gut zu Fritten und Burgern, bei denen sich zwischen den Buns Kresse, Chili, Avocado oder Teriyaki tummelt.

ORANGEN-PFEFFER-MAYO

ist ideal zu Burgern, in denen vorübergehend bittere Salate wie Radicchio und Frisée wohnen.

PETERSILIEN-MAYO

Prima zu Burgern, auf denen Wurst, Schinken und Emmentaler gestapelt wird.

CEN

VIOLETTE MAYO
Eine ultimative Empfehlung zu fruchtigen Burgern mit Ananas oder Feige.

TRÜFFEL-MAYO
geht gut mit Fritten, macht sich bestens mit Pata-Negra-Schinken.

KETCHUP
Immer, überall und mehr davon.

CHILI-KETCHUP
Manche mögen's schärfer.

FEINER SENF
Besonders gern zu Rucola und Frisée.

GROBER SENF
Geignet für rustikale Zutaten und in Dressings.

BARBECUE (BBQ)
ist schön rauchig und passt zu Zwiebeln, Bacon, Käse und allem, was einen kräftigen Gegenpart darstellt. Eignet sich wegen des Zuckergehalts gut zum Glasieren.

PREISELBEERSCHMAND
Der ideale Begleiter zu Wild.

KRÄUTERBUTTER
auf dem Patty beim Braten schmelzen lassen, funktioniert mit allen Zutaten.

GUACAMOLE
passt zu Chili, Koriander und Chili con Carne.

AIOLI
Ein perfekter Begleiter zu Chorizo und anderen kräftigen Wurstsorten.

Preiselbeerschmand
Ketchup
grober Senf
Dijonsenf

Chili-Ketchup
Kräuterbutter
BBC*-BBQ-Sauce
Guacamole
Kräuter-Aioli
*BBC=Blueberry Chipotle

REZE

PREISELBEERSCHMAND

200 g Schmand
1 EL Zitronensaft
Abrieb von ¼ unbehandelter Zitrone
1 TL Agavendicksaft
3 EL Wildpreiselbeeren
1 EL Orangenkonfitüre
1 EL Meerrettich aus dem Glas
Salz, schwarzer Pfeffer

Alle Zutaten gut miteinander verrühren, mit Salz und Pfeffer abschmecken.

KRÄUTER-AIOLI

1 l Mayo (s. S. 72)
20 ml Zitronensaft
1 TL Worcestershiresauce
1 TL Sojasauce
20 g Knoblauch
1 gekochte Kartoffel
1 Handvoll fein gehackte Petersilie
1 Handvoll fein gehackter Rucola

Mayo, Zitronensaft, Worcestershiresauce, Sojasauce, Knoblauch und die Kartoffel mit dem Mixstab pürieren. Petersilie und Rucola unterrühren.

KRÄUTERBUTTER

500 g weiche Butter
1 Schalotte
1 Knoblauchzehe
1 Bund Petersilie
2 Stängel Liebstöckel
2 Stängel Majoran
1 TL Salz
½ TL Agavendicksaft
½ TL Curry
½ TL frisch gemahlener schwarzer Pfeffer
2 EL Olivenöl

Die weiche Butter schaumig rühren, bis sie sehr hell wird. Schalotte und Knoblauch fein hacken, in 1 EL Butter anschwitzen und zur gerührten Butter geben. Petersilien-, Liebstöckel- und Majoranblättchen von den Stängeln zupfen, fein hacken und ebenfalls zur Butter geben. Salz, Agavendicksaft, Curry, Pfeffer und Olivenöl dazugeben und alles gut vermengen.

Die Masse auf Frischhaltefolie geben, zu einer etwa 1 cm dicken Rolle formen und im Kühlschrank kalt werden lassen.

PTE

CHILI-KETCHUP

10 g Habaneros
1 Zwiebeln
1 Knoblauchzehe
50 ml Mangosaft
50 ml Ananassaft
1 Prise Salz
½ TL Stärke
500 ml Ketchup

Habaneros je nach Schärfegeschmack entkernen. Zwiebel und Knoblauch fein hacken. Chili, Zwiebeln, Knoblauch und Saft mit dem Salz aufkochen und mit einem Mixstab pürieren. Mit etwas Stärke abbinden und gut mit dem Ketchup vermengen.

BBC-BBQ-SAUCE

250 g Blaubeeren
100 g Zuckerrübensirup
400 ml Ketchup
2 EL Zitronensaft
1 EL Worcestershiresauce
2 EL Chipotles
1 TL Liquid Smoke
Salz

Alle Zutaten in einen Topf geben, aufkochen, mit einem Mixstab pürieren und mit etwas Salz abschmecken

GUACAMOLE

2 Avocados
1 Chilischote
1 Knoblauchzehe
Saft von ½ Limette
½ Bund Koriander
½ rote Zwiebel
1 Tomate
Limettensaft
Salz, schwarzer Pfeffer

Avocados halbieren, Steine entfernen, Fruchtfleisch aus der Schale lösen. Chilischote je nach Schärfegeschmack entkernen. Avocado, Chili, Knoblauch und etwas Limettensaft pürieren, mit Salz und Pfeffer abschmecken.

Koriander von den Stängeln zupfen und fein hacken. Zwiebel fein würfeln. Tomate halbieren, entkernen und ebenfalls fein würfeln.

Koriander, Zwiebel und Tomate unter die Avocadomasse heben und mit Salz, Pfeffer und Limettensaft abschmecken.

Sesam-Mayo
violette Curry-Mayo
Petersilien-Mayo
normale Mayo

Chili-Mayo
Trüffel-Mayo
Fat Cow
Orangen-Pfeffer-Mayo

REZE

MAYO (FÜR 1 L)

8 g Salz
6 g Senf
200 ml Vollei (ca. 4 Eier Größe S–M)
25 ml Wasser
25 ml Zitronensaft
740 ml Rapsöl

Salz, Senf und Eier gut miteinander verrühren. Wasser und Zitronensaft zugeben und mit dem Stabmixer vermengen, dabei nach und nach das Rapsöl in einem dünnen Strahl einfließen lassen.

TRÜFFEL-MAJO

1 l Mayo
20 g Trüffelpaste
20 ml Trüffelöl
1 Knoblauchzehe
2 g Thymian

Alle Zutaten gut mit dem Stabmixer pürieren.

CHILI-MAYO

1 l Mayo
100 g Chipotle aus der Dose
5 g Chilipulver
30 ml Orangensaft
10 g Zucker
4 Knoblauchzehen

Alle Zutaten gut mit dem Stabmixer pürieren.

VIOLETTE CURRY-MAYO

1 l Mayo
13 g Purple-Curry-Gewürzmischung (von Ingo Holland)

Alle Zutaten gut mit dem Stabmixer pürieren.

MISO-MAYO

1 l Mayo
80 g Misopaste
Saft von ½ Limette
1 Spritzer Sesamöl
25 ml helle Sojasauce

Alle Zutaten gut mit dem Stabmixer pürieren.

PTE

ORANGEN-PFEFFER-MAYO

1 l Mayo
Saft von 1 Orange
Zesten von 2 unbehandelten Orangen
50 g eingelegter grüner Pfeffer mit Sud

Alle Zutaten gut mit dem Stabmixer pürieren.

SESAM-MAYO

1 l Mayo
Saft von ½ Limette
15 ml Sesamöl
1 Spritzer Mirin

Alle Zutaten gut mit dem Stabmixer pürieren.

PETERSILIEN-MAYO

1 l Mayo
1 Bund Petersilie

Alle Zutaten gut mit dem Stabmixer pürieren.

FAT COW

1 l Mayo
50 g frisch geriebener Rettich
125 ml Ketchup
Saft von 1 Orange
Zesten von ½ unbehandelten Orange

Alle Zutaten gut mit dem Stabmixer pürieren.

GRIECHISCHER JOGHURT

500 g griechischer Joghurt
100 ml Olivenöl
Salz, schwarzer Pfeffer

Griechischen Joghurt und Olivenöl mit dem Stabmixer schön sämig pürieren und mit Salz und Pfeffer abschmecken.

DIE
Hergestellt am

Lenny: *Saubermann!*

DAS FRISCH FLEISCH

LANGSAMES FAST FOOD

Bis in der Fetten Kuh ein Burger rausgeht, dauert es ein Weilchen. Und das aus gutem Grund.

Burger gibt es in der Kuh nicht als Fast Food, die Zubereitung braucht Zeit. Erst wenn die Bestellung in der Kasse eingeht, kommt das Fleisch auf den Grill, und dann dauert es etwa 10–15 Minuten, bis der Burger fertig ist.

»Auf Stroh gebettet, mit Gras im Magen.«

Die Gäste der Fetten Kuh verstehen das und freuen sich, wenn sie den Burger frisch zubereitet auf dem Teller haben. Und so wie die Buns von einer Kölner Bäckerei gebacken werden und die Kartoffeln für die Pommes vom Bauern aus der Region sind, kommt das Fleisch für die Burger vom Niederrhein, die Höfe sind alle in der Umgebung von Geldern. Das Fleisch, das in der Fetten Kuh verarbeitet wird, stammt ausschließlich von Freilandtieren, die auf der Weide waren, Gras gefressen haben und im Alter von anderthalb bis zwei Jahren als ausgewachsene Rinder geschlachtet werden. Und zwar ausschließlich von weiblichen Tieren, weil die mehr festes Fleisch und mehr intramuskuläres Fett haben als Bullen. Fett ist ein Geschmacksträger, und ein Fett-Anteil von mindestens 20 Prozent ist wichtig, um auf dem Grill ein gutes Röstaroma hinzubekommen. Das Fleisch wird übrigens erst in der Kuh gewolft und frisch zu Pattys gepresst.

Streicheleinheit zwischen Mensch und Tier.

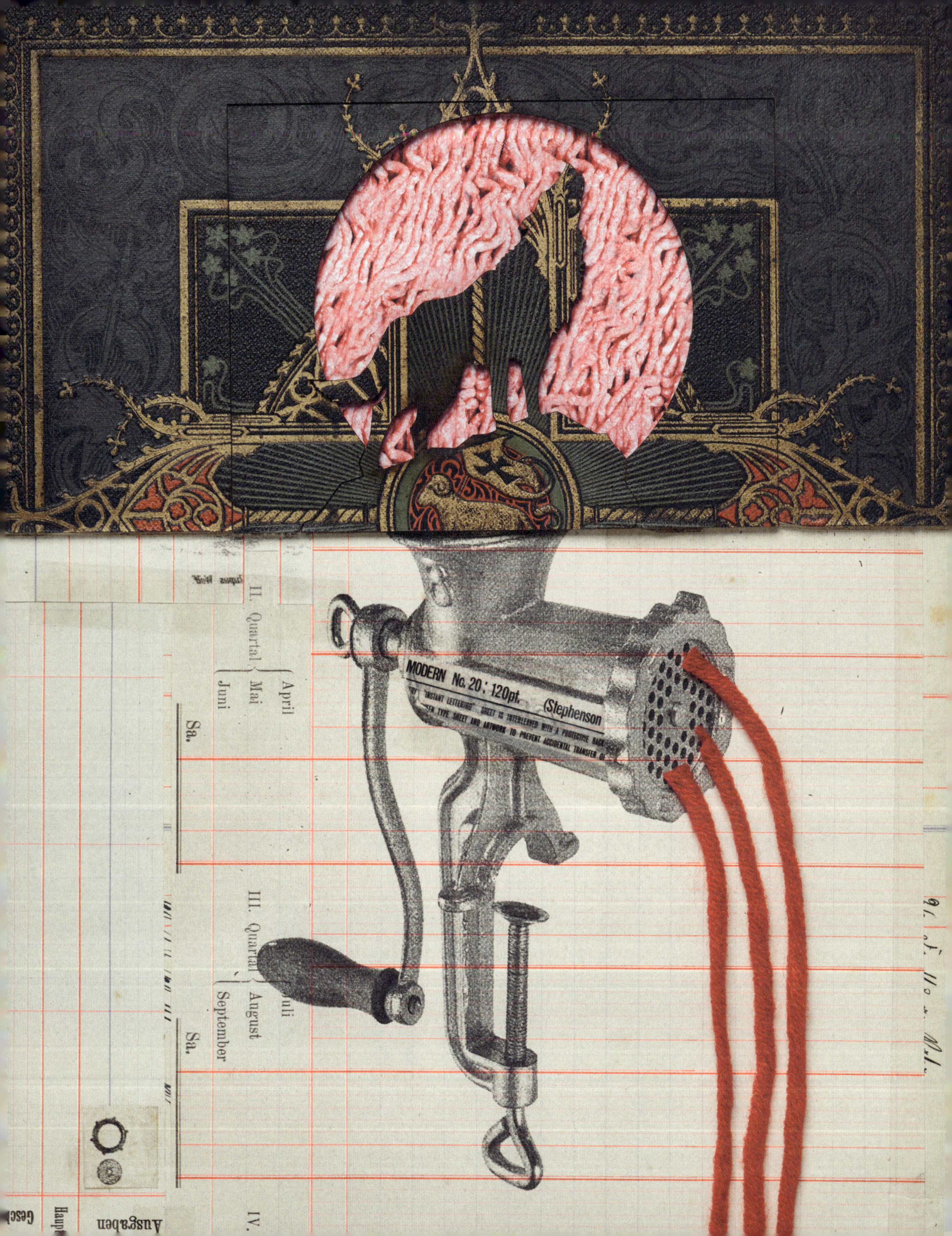

MODERN No. 20 ; 120pt. (Stephenson
II. Quartal
April
Mai
Juni
Sa.
III. Quartal
August
September
Sa.
IV.
Ausgaben

PATTYS

Am Niederrhein noch Weidevieh, in der Fetten Kuh in den Wolf: Es braucht ein bisschen, bis die Pattys auf den Grill kommen.

Das Fleisch, das in der Fetten Kuh zwischen Buns seine leckere Bestimmung findet, wird zweimal pro Woche frisch angeliefert. Ein weiterer wichtiger Faktor im Zubereitungskosmos des Burger-Ladens in der Kölner Südstadt: Das Fleisch, das auf den Grill kommt, war vorher nicht tiefgefroren. Die Macher hinter der Fetten Kuh halten die Kühlkette ein und wolfen das Fleisch in ihrem Kühlhaus bei 2 °C. Im Kühlhaus steht auch der Pattymaker, mit dem das Fleisch in die gewünschte Scheibenform gebracht wird. Für Zahlen-Freaks und Menschen, die es ganz genau wissen wollen: In der Fetten Kuh kommt beim Wolfen die Lochscheibe 5 zum Einsatz. Was nichts anderes bedeutet als das hier: Aus kleinen 5 Millimetern wird später der ganz große Geschmack.

Das Patty – also die Grillfleischscheibe, die im Burger parkt – gibt's bei der Fetten Kuh in zwei Modellvarianten. Die 120-Gramm-Version ist prima für den guten, die 200-Gramm-Version ideal für den großen Hunger. Der Pattymaker, mit dem das Fleisch für den Grill der Fetten Kuh in Form gebracht wird, heißt „Butcher Buddy“ und wird aus Großbritannien importiert. Ganz wichtig beim Vorgang der Fleischscheibenherstellung: Das Patty darf nicht zu locker sein, weil es sonst auseinanderfällt. Ist das Patty zu fest, ist das allerdings auch nicht gut, weil es dann nicht mehr flockig genug auf dem Grill ankommt. Beim Burger-Basteln zu Hause hat man in der Regel keinen professionellen Pattymaker zur Verfügung. Daher gilt für die Do-it-yourself-Variante folgende Bedienungsanleitung zur Grillscheibenwerdung: Am besten die Portion Fleisch erst zwischen den Händen hin- und herklatschen, so verbindet sich die Struktur gut, dann leicht in Form pressen. Falls jetzt noch die Frage um die Ecke biegen sollte, warum das Fleisch für den Burger überhaupt in Scheibenform gepresst wird, kommen hier drei relevante Antworten:

- **damit's nicht auseinanderfällt**
- **damit's gleichmäßig gart**
- **damit's eine optimale Auflagefläche für den Grill bekommt und sich schöne Röstaromen bilden können.**

GARGRADE

Schon mal vom Gargrad „schwanger" gehört? Na, ganz simpel: So durch, dass außer einer Schwangeren niemand so einen Burger bekommt.

Übrigens auch super wichtig für erfolgreiches Arbeiten auf der Burger-Baustelle: Es wird das pure Fleisch gepresst und gegrillt. Ohne alles. Kein Ei, kein Salz, kein Pfeffer. Dann wird das Patty schön von beiden Seiten angebraten. Gepfeffert und gesalzen wird erst nach dem Grillen. Der Grill in der Fetten Kuh hat eine Temperatur von 340 bis 350 °C. Vor sich hinschmurgeln ist im Burger-Laden nicht drin, das muss richtig knacken. Für die Arbeit am heimischen Herd gilt: Den richtigen Gargrad hat die kluge Hausfrau genauso im Gefühl wie der Mann im Haus; der Gargrad hängt immer von der Dicke des Pattys und der Größe der Auflagefläche ab. Learning by Doing gilt immer, ausprobieren ist alles.

SCHWANGER

VEGGIE (s. S. 127)

RARE

MEDIUM RARE

MEDIUM

MEDIUM WELL

TOPPING FLEIS

Beim Zusammenbauen eines Burgers kann man eins ja immer: tüchtig auf die Fantasie-Tube drücken. Denn zwischen den Buns sind den Gestaltungsmöglichkeiten keine Grenzen gesetzt.

Ein Fleisch-Topping verpasst dem Burger nicht nur zusätzlichen Geschmack, sondern auch eine Persönlichkeit. Je nach Stimmung kann so ein Topping dekadent, zurückhaltend oder elegant sein. Man kann Burger mit Schinken oder Speck, Confit oder Wurst garnieren – und beim Chili sogar Reste vom Hackfleisch weiterverarbeiten. Und so kann ein schnöder Hackfleischrest besonders schön enden. Als Topping.

SALAMI

kann man fein aufgeschnitten oder geröstet auf dem Patty platzieren, sie macht sich prima mit mediterranen Zutaten.

MODENA-SCHINKEN

harmoniert bestens mit mediterranen Zutaten wie Oliven und Rucola.

TIROLER SPECK

ist eine deftige Angelegenheit, und als solche passt sie bestens zu Senf und Krautsalat.

BACON

ist besonders lecker und schön knusprig, wenn man ihn grillt. Er funktioniert zu vielen Zutaten. Pause hat Bacon allerdings, wenn asiatische Produkte im Spiel sind.

WILDSCHINKEN

hat einen großen Auftritt, wenn man ihn mit Preiselbeeren und Feldsalat kuscheln lässt.

PASTRAMI

ist gewürztes und geräuchertes Fleisch, wird häufig aus der Schulter vom Rind genommen, schmeckt saftig und zugleich zart und kann sehr gut mit Raucharomen kombiniert werden.

CHORIZO

Die getrocknete ist ein Ankommer auf dem Burger, wenn man sie fein aufschneidet oder röstet; die frische Chorizo geht sehr gut zusammen mit Tomaten und Fenchel.

CH

IBÉRICO-SCHINKEN
vom Iberischen Schwein (eine Schweinerasse aus Südwestspanien, die im Vergleich zu anderen Hausschweinrassen deutlich flinker und kleiner ist) schmeckt solo derart intensiv, dass man ihn möglichst ohne Schnickschnack auf das Patty packen sollte.

CHILI CON CARNE
schmeckt offensiv und dominiert mit seinem eigenständigen Charakter schnell andere Zutaten. Daher sollte man Chili con Carne wohldosiert einsetzen; einfach Käse oder Guacamole dazu – und die Sache ist geritzt!

FRISCHE SALSICCIA
schmeckt auch dann noch fein, wenn man sie anbrät und sie danach mit Provolone und Tomatensalsa bekannt macht.

CONFIT
ist in Fett gekochtes und auf diese Weise haltbar gemachtes Fleisch. Für das Confit wird Fleisch von Enten, Gänsen oder Schweinen verwendet. Kommt Entenconfit als Topping zum Einsatz, passt dazu sehr gut Rotkohlsalat. Preiselbeerschmand kann die Sache genauso perfekt veredeln wie Rotweinzwiebelmarmelade.

Bacon
Ibérico-Schinken
Tiroler Speck

Modena-Schinken
Pastrami
Wildschweinschinken

Chili
getrocknete Rinder-Chorizo
Chorizo
frische Salsiccia
Entenconfit

Salami
Hämmchen

REZEPTE

CHILI CON CARNE

100 g getrocknete schwarze Bohnen
(alternativ 1 kleine Dose Kidneybohnen)
1 kg grobes Rinderhack
2 EL Pflanzenöl
1 TL Salz
1 mittelgroße Zwiebel
2 Knoblauchzehen
1 Tube Tomatenmark (200 g)
3 grüne Peperoni
1 kleine Dose Mais
1 EL edelsüßes Paprikapulver
1 TL Cayennepfeffer
1 Lorbeerblatt
½ TL gemahlener Kreuzkümmel
je 1 TL getrockneter Oregano und Majoran
je 1 TL Salz und Zucker
schwarzer Pfeffer

Die schwarzen Bohnen in reichlich Wasser 12–24 Stunden einweichen. Abgießen, gut abspülen und in reichlich frischem Wasser in 60–90 Minuten gar kochen. Das Rinderhack in heißem Öl kräftig anbraten, anschließend salzen. Zwiebel und Knoblauch fein hacken, zum Hack geben und etwas anschwitzen lassen.

Tomatenmark unterrühren und leicht anrösten. Chili je nach Schärfegeschmack entkernen und in Ringe schneiden. Mais abtropfen lassen. Chili, Mais, Gewürze, Salz, Zucker und 250 ml Wasser zum Hack geben und 1 Stunde bei geringer Hitzezufuhr sanft köcheln lassen. Die Bohnen mit etwas Kochsud dazugeben, aufkochen und mit Salz und Pfeffer abschmecken.

ENTENCONFIT

4 Entenkeulen
1 l Enten- oder Gänsefett
(alternativ Pflanzenöl)
2 Lorbeerblätter
2–3 Wacholderbeeren
2 Knoblauchzehen
4 Thymianzweige

Den Backofen auf 100 °C vorheizen. Die Entenkeulen in einen Bräter geben. Das Entenfett erwärmen, Lorbeer, Wacholder, leicht zerdrückte Knoblauchzehen und Thymian hineingeben und alles über die Entenkeulen gießen. Den Bräter mit dem Deckel verschließen und im Ofen 3 Stunden ziehen lassen.

Die Enten herausnehmen, gut abtropfen lassen und vom Knochen lösen.

PULLED HÄMMCHEN

1 Hämmchen (gepökelte Haxe, ca. 1,5 kg)
2 Lorbeerblätter
1 TL Wacholderbeeren

Das Hämmchen in einen Topf geben und mit Wasser bedecken. Lorbeer und Wacholder hinzugeben, aufkochen, die Hitzezufuhr reduzieren und 3 Stunden köcheln lassen.

Lässt sich das Fleisch leicht vom Knochen lösen, ist es fertig. Die Schwarte vom Fleisch lösen und das Fleisch in Stücke zupfen. Die Schwarte kann in Fett knusprig ausgelassen werden und als Topping dienen.

Sara: 1a-Servicefachverkäuferin

FIS

TOPPING UND PATTY-ALTERNATIVEN

Fisch und Meeresfrüchte gehören zu den Zutaten, die man bei der Burger-Belegung sowohl als Veredelung als auch als Star im Mittelpunkt einsetzen kann.

Fische und Meeresfrüchte können sowohl als Topping einen Platz auf dem Burger finden, als auch als Patty-Ersatz für alle die fungieren, für die gilt: Fleisch kommt ihnen auf keinen Fall zwischen die Bun-Hälften.

SOFT-SHELL CRABS

werden auch Butterkrebse genannte. Sie schmecken paniert und frittiert und sie können zwei Rollen perfekt spielen. Die als Patty-Ersatz, und die, für die es etwas höher hinausgeht: als Topping.

GAMBA

Spanisch für Krebstiere, auf Deutsch Garnele oder Riesengarnele. Gegrillt sehen Gambas als Topping auf dem Burger verdammt gut aus – und schmecken auch so.

LACHS

Roh ist er mit Wasabi, Sojasauce oder Orangen-Pfeffer-Mayo eine leckere Angelegenheit. Grillt man ihn, kommt er etwas kräftiger daher, verträgt sich prima mit Parmesan und Rucola und kann als Topping oder Patty-Ersatz den Burger veredeln.

C & H

MEERESFRÜCHTE

Soft-shell Crab

Gamba
Lachs

REZE

SOFT-SHELL CRAB

100 ml Sojasauce
40 ml Mirin
30ml Sake
4 Soft-shell Crabs
1 Ei
3 EL Kartoffelstärke
3 EL Panko
Frittieröl

Sojasauce, Mirin und Sake vermengen, die Crabs hineinlegen und 3 Stunden marinieren. Dann herausnehmen und gut abtropfen lassen. Das Ei in einem Teller verquirlen, die Stärke auf einen zweiten Teller und das Panko auf einen dritten Teller geben.

Die Krabben zuerst in der Stärke wälzen, dann durch das Ei ziehen und anschließend in Panko von beiden Seiten gut panieren. Öl auf 180 °C erhitzen und die Crabs darin goldgelb ausbacken (ca. 4 Minuten).

SASHIMI-LACHS

80 g Lachs (Sashimi-Qualität)
Limettensaft
Sojasauce

Lachs entgräten, Bauchlappen abschneiden und die Haut mit einem Messer entfernen, alternativ kann man sich Lachs auch küchenfertig im Sushi-Laden besorgen.

Dünne Scheiben vom Lachs herunterschneiden und mit etwas Limettensaft und Sojasauce beträufeln.

PTE

GAMBA

1 EL Olivenöl
1 Riesengarnele
1 Rosmarinzweig
1 Thymianzweig
1 Knoblauchzehe

Olivenöl in einer Pfanne erhitzen, Garnele, Rosmarin, Thymian und Knoblauchzehe hineingeben und bei mittelstarker Hitze anbraten. Die Garnele herausnehmen, die Schale bis auf das letzte Glied vor dem Garnelenschwanz und dem letzten vor dem Kopf entfernen, den Darm ziehen. Die Garnele kurz durch die Pfanne ziehen und mit Meersalz würzen.

TOPPING KÄSE

Alles Käse? Aber immer! Käse ist ein echter Allrounder. Er ist vielfältig einsetzbar und kann in verschiedensten Gerichten verwendet werden.

Weltweit gibt es rund 5000 Käsesorten und diese sind besonders im westlichen Kulturkreis als Nahrungsmittel verbreitet. Hauptsächlich wird Käse aus Kuhmilch hergestellt, er kann aber auch aus Schaf- und Ziegenmilch produziert werden. Man kann Käse gratinieren, schmelzen und zu Saucen verarbeiten. Der Geschmack von Käse kann allerhand Assoziationen wecken. Für Walter Schnerring von der Fetten Kuh ist Ziegenfrischkäse zum Beispiel so belebend wie ein Frühlingswind, ein Mozzarella schmeckt für ihn immer nach Sommer. Und bei dem ziemlich intensiven Aroma, das der Schweizer Hartkäse Gruyère hat, schmeckt der Mastermind der Fetten Kuh sofort das Glück der Kühe raus, die auf einer Alm grasen. Behauptet er nicht nur. Schwört er sogar. Käsesorten, die etwas heftiger schmecken – wie etwa der norditalienische Weichkäse Taleggio – haben für Walter Schnerring etwas Winterliches, dementsprechend passen sie für ihn auch besser zu Wintersalaten wie dem Feldsalat.

Doch was immer man auch mit bestimmen Käsesorten assoziiert, eins ist klar: Für jeden Burger gibt es einen passenden Käse. Und für manchen sogar zwei.

BRIE

ist ein Weichkäse aus Frankreich, der ordentlich Schmackes hat. Er steht geschmacklich aufrecht an der Seite von Frisée oder Radicchio.

BÜFFELMOZZARELLA

ist ein italienischer Käse, der aus Wasserbüffelmilch hergestellt wird. Am besten setzt man ihn ohne Schnickschnack ein: Ganz klassisch zusammen mit Tomaten und Basilikum schmeckt Mozzarella auch auf dem Burger einfach richtig gut.

BURRATA

ist ein italienischer Frischkäse, außerdem eine Sonderform des Mozzarellas, der aus Kuhmilch hergestellt wird und eine Sorte, die sich darüber freut, wenn man sie mit Tomaten und Salat bekannt macht.

CHEDDAR

ist ein aus Kuhmilch hergestellter Hartkäse, der ursprünglich aus England stammt und heute weltweit produziert wird. Der Käse, der seinem Namen von dem Dorf Cheddar in der Grafschaft Somerset hat, ist ein echter Klassiker, der zu ziemlich allem und jedem passt.

GORGONZOLA

ist ein norditalienischer Blauschimmelkäse, der sich bestens mit Pilzen, Bacon und Spinat kombinieren lässt.

GRUYÈRE

ist ein herzhafter Hartkäse aus der Schweiz, der glücklich ist, wenn er auf einem Cheeseburger landet.

MANCHEGO

ist ein spanischer Schafskäse, der je nach Reifegrad mild, säuerlich oder sehr weich schmecken kann. Er macht sich gut, wenn er von einer kräftigen Chorizo, geröstetetem Gemüse oder Paprika flankiert wird.

MANOURI

ist ein griechischer Frischkäse, der mit dem Ricotta verwandt ist. Hergestellt wird er überwiegend aus der Molke von Schaf- und/oder Ziegenmilch. Manouri eignet sich gut zum Grillen und harmoniert mit Honig und Kräutern wie Salbei. Als Patty-Ersatz ist Manouri für Vegetarier ein echter Geschmacksgewinn.

MITTELALTER GOUDA

ist kräftig, hat gute Schmelzeigenschaften und kann ganz gut für sich allein stehen.

PARMESAN

ist ein Würzkäse aus Kuhmilch, der als Allrounder daherkommt. Er schmeckt gerieben, eignet sich zum Überbacken, macht Saucen schön sämig und freut sich wahrhaftig darüber, wenn man ihn an Wurst, Feldsalat und Rucola ranlässt.

PROVOLONE

ist ein eher milder italienischer Hartkäse, der ebenfalls gute Schmelzeigenschaften hat und gut zu mediterranen Produkten passt.

WASABIKÄSE

ist von der Konsistenz her dem holländischen Gouda ähnlich. Was den Geschmack betrifft, ist er durch Wasabi – also den japanischen Wassermeerrettich – aber deutlich würziger als ein Gouda. Er passt gut zu asiatischen Zutaten wie zum Beispiel Wakame (eine Braunalgenart), zu Lachs und Sesam.

ZIEGENFRISCHKÄSE

passt gut zu Fruchtigem wie Feige und Birne und zu Süßem wie Honig. Er eignet sich zum Gratinieren und macht sich gut mit Frisée.

Parmesan
Wasabikäse
Manouri
Gruyère

Manchego
mittelalter Gouda
Provolone
Cheddar
Scamorza

Taleggio
Brie

Burrata
Gorgonzola
Mozzarella
Ziegenfrischkäse

Pinto: *Fels in der Brandung*

TOPPING GEMÜ

Es gibt immer was zu tun. Auch dann noch, wenn die Burger-Belegung kurz vor dem Abschluss steht.

Bevor mit dem Draufklappen des zweiten Buns der Deckel zugemacht wird, kann man den Burger noch mit Gemüse-Toppings abrunden. Zwischen saftig, knackig, frisch, eingekocht, scharf und mild geht in Sachen Gemüse-Toppings so ziemlich alles. Wichtig beim Hantieren damit ist, dass man sie dezent einsetzt. Sonst besteht die Gefahr, den ganzen Burger plattzumachen.

ROTWEINZWIEBELN

bilden mit ihrer süßen Milde einen guten Kontrast zum herzhaften Geschmack von Gruyère.

GURKEN-PICKLES

machen das, was sie seit eh und je machen: sich gleichermaßen verdammt gut auf klassischen Hamburgern und Cheeseburgern.

GURKEN-RELISH,

also gekochte Gurken, passen gut zu senfigen Sachen und freuen sich auch, wenn sie auf Bacon und Cheddar treffen.

KARAMELLZWIEBELN

schmecken mal mild, süß oder salzig. Der Geschmack hängt davon ab, wie man sie kocht, und sie fühlen sich auf so ziemlich jedem Burger wohl.

BIERZWIEBELN

kombiniert man am besten mit Schinken, Wurst und kräftigem Käse.

S E

MANGO-CHUTNEY

kommt sommerlich und frisch ruber. Es passt hervorragend zu Koriander, Käse, Curry, Fisch und Krustentieren.

KIMCHI

stammt aus der koreanischen Küche, dementsprechend schmeckt es perfekt mit asiatischen Zutaten. Eine feine Allianz geht Kimchi auch mit Frühlingszwiebeln und gerösteten Erdnüssen ein. Wer es scharf mag und seine Geschmacksnerven gerne mal einem Belastungstest aussetzt, liegt bei Kimchi goldrichtig.

KRAUTSALAT

fühlt sich zusammen mit Hämmchen auf einem Burger pudelwohl.

CHORIZO-KRAUT

macht sich gut an der Seite von Manchego und anderen Zutaten, die ein bisschen Wumms haben.

WHISKY-BOHNEN

mögen ebenfalls gerne eine kräftige Begleitung und passen daher gut zu Bacon und Cheddar.

ZUCCHINI-PICKLES

sind einen Tick milder als die aus Gurken und auch etwas bissfester. Was nichts daran ändert, dass sie es genau wie Gurken-Pickles klassisch mögen. Nämlich auf Hamburgern und Cheeseburgern.

Gurken-Pickles
Gurken-Relish

Rotweinzwiebeln
Karamellzwiebeln
Bierzwiebeln

Mango-Chutney
Kimchi

Krautsalat

Chorizo-Kraut

Whisky-Bohnen

Zucchini-Pickles

Oliven-Feta-Käsemasse

Gin-Pfeffer-Kirschen

REZE

GURKEN-RELISH

1 Salaturke
1 mittelgroße Zwiebel
1 EL Olivenöl
4 EL Zucker
60 ml Weißweinessig
2 EL Senfsaat
1 Lorbeerblatt
1 Prise Salz
2 EL gehackter Dill
Salz, schwarzer Pfeffer

Die Gurke waschen, entkernen und fein würfeln. Zwiebel fein würfeln und in Olivenöl anschwitzen. Zucker dazugeben und leicht karamellisieren lassen. Mit Weißweinessig ablöschen. Senfsaat, Lorbeer und Salz ebenfalls dazugeben und bis zur gewünschten Konsistenz einkochen lassen. Das Relish komplett abkühlen lassen, Dill unterrühren und mit Salz und Pfeffer abschmecken.

GURKEN-PICKLES

1 kg Einlegegurken
1 weiße Zwiebel
250 g Zucker
200 ml Kräuteressig
2 TL Senfsaat
20 g Salz
1 Lorbeerblatt
1 TL Wacholderbeeren
5 schwarze Pfefferkörner
1 kleines Bund Dill

Die Gurken putzen, in eine Schüssel geben, mit reichlich kaltem Wasser bedecken und 1 Tag darin einlegen. Herausnehmen, abtropfen lassen und in 8 mm dünne Scheiben schneiden.

Zwiebel in Scheiben schneiden. Gurken, Zwiebeln, Zucker, Kräuteressig, Senfsaat, Salz, Lorbeer, Wacholder und Pfeffer in einen Topf geben, einmal aufkochen lassen. In der Zwischenzeit den Dill hacken, zu den Gurken geben, sofort in sterilisierte Gläser füllen und luftdicht verschließen. Mindestens 1 Tag ziehen lassen.

P T E

ROTWEINZWIEBELN

200 g rote Zwiebeln
50 g Butter
200 g Rohrzucker
25 ml Balsamico
200 ml Rotwein
1 Lorbeerblatt
Meersalz, schwarzer Pfeffer

Zwiebeln grob hacken. Butter in einem Topf erhitzen, Zwiebeln hineingeben und ohne Farbe leicht andünsten. Zucker dazugeben, unter Rühren lösen und mit Balsamico und Rotwein ablöschen. Lorbeer, Salz und etwas Pfeffer unterrühren und auf kleiner Stufe 2 Stunden sanft köcheln lassen, bis eine marmeladeartige Konsistenz erreicht ist.

BIERZWIEBELN

1 große Metzgerzwiebel
1 Prise Salz
½ Flasche Hefeweißbier
Öl zum Braten

Zwiebel in Ringe schneiden, mit etwas Öl in der Pfanne scharf anbraten, bis die Zwiebelringe Farbe annehmen. Salz dazugeben und mit dem Bier ablöschen. Die Hitzezufuhr reduzieren und alles schön reduzieren lassen.

KARAMELLZWIEBELN

6 mittelgroße Zwiebeln
40 g Butter
60 g Rohrzucker
25 ml Balsamico
1 Lorbeerblatt
Meersalz, schwarzer Pfeffer

Zwiebeln in Streifen schneidenund in der Butter glasig dünsten. Die restlichen Zutaten dazugeben und bei mittlerer Hitzezufuhr etwa 1 Stunde zu einer marmeladeartigen Konsistenz eingekochen.

CHILI-PAPRIKA-RELISH

1 TL Kartoffelstärke
20 ml Mangosaft
100 g gelbe und rote Paprika
50 g rote Jalapeños
1 Knoblauchzehe
15 g Zucker
10 ml weißer Balsamico
Salz

Die Stärke im Mangosaft anrühren. Paprika und Jalapeños fein würfeln. Knoblauch fein hacken. Paprika, Chili, Knoblauch, Zucker und Balsamico einmal aufkochen. Mit Salz abschmecken. Die angerührte Stärke in das köchelnde Relish rühren.

PINTOS MANGO-CHUTNEY

2 Mangos
1 EL Olivenöl
1 TL gehackter Knoblauch
100 g Zucker
50 ml Zitronensaft
20 g Rosinen
1 Kardamomkapsel
1 Sternanis
1 Prise Zimt
2 TL gehackter Ingwer
1 TL gehackte rote Chilischote
1 Prise Meersalz

Mangos schälen, entkernen und in kleine Würfel schneiden. Olivenöl erhitzen und Mangowürfel darin anschwitzen. Zucker darübergeben, leicht karamellisieren lassen, mit Zitronensaft und 100 ml Wasser ablöschen. Die restlichen Zutaten zur Mango geben, die Hitzezufuhr reduzieren und zu der gewünschten Konsistenz einkochen lassen.

CHORIZO-KRAUT

80 g Chorizo
200 g frisches Sauerkraut
1 Schuss Weißwein
½ TL Kümmel
100 g Sahne
100 ml Rinderfond
1 EL Zucker
1 TL Honig
Salz, schwarzer Pfeffer

Chorizo in Würfel schneiden und ohne Fett in einer Pfanne anschwitzen. Sauerkraut in ein Sieb geben, gut abtropfen lassen, zur Chorizo geben und leicht anschwitzen. Weißwein, Kümmel, Sahne, Rinderfond, Zucker und Honig unterrühren und langsam zu einem rahmigen Kraut einköcheln lassen. Mit Salz und Pfeffer abschmecken.

KIMCHI

1 kg Chinakohl
100 g Salz
2 Äpfel
20 g Ingwer
75 ml Fischsauce
25 g Shrimp-Paste
6 Knoblauchzehen
80 g Kochukaru (koreanische Chiliflocken)

Chinakohl in walnussgroße Stücke schneiden, und mit dem Salz vermengen, 3 Stunden ziehen lassen. Dreimal gut ausspülen, anschließend trocken schleudern. Apfel schälen, vierteln, entkernen. Ingwer schälen und grob zerteilen.

Aus Fischsauce, Shrimp-Paste, Knoblauch, Ingwer und Äpfeln im Mixer eine Paste herstellen und mit Kochukaru vermengen. Den Chinakohl damit gut einreiben und anschließend in einem abgedeckten, aber nicht fest verschlossenen Gefäß bei Zimmertemperatur fermentieren lassen. Anschließend luftdicht verschlossen im Kühlschrank lagern.

WHISKY-BOHNEN

80 g Bacon am Stück
1 guter Schuss Whisky (einfache Kochqualität)
1 Dose Baked Beans
torfiger, rauchiger Single Malt (z. B. von Ardbeg) zum Abschmecken
Salz, schwarzer Pfeffer
Öl zum Braten

Bacon in 1 cm große Würfel schneiden, in Öl knusprig anbraten.

Mit Whisky ablöschen bzw. flambieren, Baked Beans daraufgeben, erwärmen und mit einem Single Malt nach Belieben sowie Salz und Pfeffer abschmecken.

KRAUTSALAT

1 Weißkohl (ca. 750 g)
2 TL Salz
1 Zwiebel
1 grüne Paprika
125 ml Gemüsebrühe
60 ml Öl
30 ml Weißweinessig
Salz, weißer Pfeffer

Die äußeren Blätter entfernen, den Kohl vierteln und den Strunk entfernen. Den Kohl in feine Streifen hobeln. Das Salz untermengen und mindestens 1 Stunde ziehen lassen. Das abgesetzte Wasser abgießen und das Kraut mit den Händen weich kneten.

Zwiebel und Paprika in feine Streifen schneiden. 1 EL Öl in einer Pfanne erhitzen, Zwiebel und Paprika darin anschwitzen. Mit Gemüsebrühe ablöschen und mit dem restlichen Öl und Essig unter das Kraut mengen. Mit Pfeffer abschmecken. Den Salat mindestens 1 Stunde ziehen lassen und vor dem Servieren gegebenenfalls mit Salz und Pfeffer nachwürzen.

OLIVEN-FETA-KÄSEMASSE

200 g Kalamata-Oliven
40 g Rohrzucker
4–5 Thymianzweige
500 g Feta

Den Backofen auf 200 °C Ober-/Unterhitze vorheizen. Oliven entsteinen, hacken und mit dem Rohrzucker vermengen. Auf einem mit Backpapier ausgelegten Backblech verteilen und 8–12 Minuten backen, bis der Zucker karamellisiert ist. Thymianblättchen von den Zweigen zupfen und mit den karamellisierten Oliven unter den Feta mengen.

ZUCCHINI-PICKLES

160 g Zwiebel
20 g Salz
300 ml Cidre-Essig
300 g Zucker
15 g Senfsaat
7,5 g Kumin
2 Wacholderbeeren
1 kg Zucchini
50 g Senfpulver

Zwiebeln in Ringe schneiden. Zwiebeln, Salz, Essig, Zucker, Senfsaat, Kreuzkümmel und Wacholder aufkochen und vom Herd nehmen. Zucchini in dünne Scheiben schneiden und mit dem Senfpulver in die Essigmischung geben. In sterilisierte Gläser abfüllen und luftdicht verschließen.

GIN-PFEFFER-KIRSCHEN

1 EL Butter
250g entsteinte Kirschen
(notfalls Schattenmorellen)
50 ml Gin
250 ml Bratensauce vom Vortag
(alternativ leicht angedickte Jus)
10 g eingelegter grüner Pfeffer

Butter in einer Pfanne zerlasse, Kirschen hineingeben und auf mittlerer Hitze leicht anschwenken. Mit Gin ablöschen, Bratensauce angießen und einmal aufkochen lassen. Grünen Pfeffer dazugeben, die Hitze reduzieren und 10 Minuten leicht köcheln lassen.

TOPPING PILZE

Was für Fisch und Meeresfrüchte gilt, trifft auch für Pilze zu: Sie können einfach alles!

Pilze geben bei der Burger-Belegung nicht nur ein gutes Topping her. Wegen ihrer Konsistenz, ihrer Größe und manchmal sogar dank ihres fleischigen Geschmacks eignen sie sich zugleich bestens als vegetarischer Patty-Ersatz. Pilz-Toppings passen toll zu Wild-Burgern und asiatisch angehauchten Burgern.

SHIITAKE

ist eine Pilzart, die in der traditionellen chinesischen Medizin zu den Heilpilzen gezählt wird. Seine Wirkung entfaltet der Shiitake auf jeden Fall auch fern der Medizin. Ob gepickelt oder gebraten: Er passt zu asiatischen Zutaten, harmoniert mit Teriyaki-Sauce und wirkt auch gut zusammen mit Chili- und Sesam-Mayo.

STEINCHAMPIGNONS

haben keinen allzu intensiven Eigengeschmack und schmecken gebraten lecker zu Bacon und Gorgonzola.

PFIFFERLINGE

fühlen sich in gebratener Form verdammt wohl neben Zwiebeln, Speck und Rahm.

KRÄUTERSEITLINGE

haben eine fast schon fleischige Konsistenz, sind fest im für Biss und machen sich gepfeffert und gesalzen gut als Ersatz für das traditionelle Fleisch-Patty.

AUSTERNPILZE

haben ebenfalls eine fleischige Konsistenz und passen gegrillt oder gebraten statt Fleisch-Patty gut zu mediterranen Zutaten.

PORTOBELLO

Beim Portobello handelt es sich um Zuchtchampignons, die in Streifen oder im Ganzen gebraten auf dem Burger landen. Sie machen sich gut an der Seite von karamellisierten Zwiebeln und Avocados und bestehen auch neben einem kräftigen Gruyère. Da der Hut des Portobellos einen Durchmesser von bis zu 13 Zentimeter erreichen kann, eignet er sich super als vegetarisches Patty.

VEGGIE-PATTY

Der Veggie-Patty ist zwar kein Pilz, aber eben auch eine vegetarische Patty-Alternative. Universell einsetzbar, einfach statt des Beef-Pattys grillen und loslegen.

Steinchampignon
Shiitake
Pfifferling
Austernpilz

Kräuterseitling
Portobello

REZE

TOPPING

PFIFFERLINGE

80 g Pfifferlinge
2 EL Butter
1 Thymianzweig
1 kleine Schalotte
Salz, schwarzer Pfeffer

Die Pfifferlinge mit einem Pinsel von Erde befreien. Butter in einer Pfanne zerlassen, Pilze und Thymian dazugeben und bei mittlerer Hitze anschwenken. Die Schalotte in feine Würfel schneiden und unter die Pilze geben, mit Salz und Pfeffer abschmecken. Die Pfifferlinge sollten noch einen leichten Biss haben.

INGWER-SHIITAKE-PILZE

300 g Shiitake
1–2 EL Öl
1 Schuss Sojasauce
50 g Sushi-Ingwer
10 g Zucker
25 ml Mirin
25 ml Sake

Shiitake mit einem Pinsel oder etwas Küchenpapier säubern. In einer Pfanne in etwas Öl sautieren, mit der Sojasauce ablöschen. Währenddessen Sushi-Ingwer in einer Pfanne mit dem Zucker karamellisieren, mit Mirin und Sake ablöschen und reduzieren lassen. Shiitake zum Ingwersud geben und gut durchmengen.

PTE

PATTY-ERSATZ

PORTOBELLO-PATTY

1 schöner, großer Portobello
1 TL Kräuterbutter (s. S. 68)
2 EL Karamellzwiebeln (s. S. 119)
2 Scheiben Cheddar (nach Geschmack)
Pflanzenöl zum Braten
Salz, schwarzer Pfeffer

Den Pilz mit einem Pinsel oder einem Tuch säubern und den Stiel entfernen. Mit etwas Öl in einer Pfanne braten oder auf einem Grill zunächst auf der Lamellenseite bei mittlerer Hitze 2–3 Minuten angrillen, salzen, pfeffern. Den Pilz auf die Deckelseite drehen, mit Salz und Pfeffer würzen und mit Kräuterbutter und karamellisierten Zwiebeln füllen. Wer mag legt jetzt den Cheddar auf und lässt alles 3–4 Minuten fertig garen.

VEGGIE-PATTY (Bild s. S. 86)

500 g Zartweizen (z.B. Ebly)
je 1 rote Paprika, Karotte,
Zwiebel und Knoblauchzehe
½ Zucchini
1 EL Olivenöl
200 ml Gemüsebrühe
75 g Stärke
2 Eier
Salz, schwarzer Pfeffer
Pflanzenöl zum Anbraten

Weizen in Salzwasser garen, abgießen und gut abtropfen lassen. Gemüse putzen, ggf. schalen oder entkernen. Paprika, Zwiebel und Knoblauch fein würfeln. Zucchini und Karotte raspeln. Öl in einer Pfanne erhitzen, das Gemüse darin 2 Minuten anschwitzen, mit Gemüsebrühe ablöschen. Den Weizen unterheben, kurz aufkochen und zum Abkühlen auf ein Backblech verteilen. Die Masse mit Stärke und Eiern vermengen, mit Salz und Pfeffer abschmecken. Bei mittlerer Hitzezufuhr die Veggie-Pattys in einem Anrichtring 2–3 Minuten von jeder Seite braten.

TOPPING KRÄUTER

Manchmal ist der Grat zwischen Angeben und Verfeinern sehr schmal. Wie bei frischen Kräutern und Chilis. Man kann immer noch einen draufsetzen. Muss man aber nicht. Wenn, dann mit Hirn: ein Blick auf Zutaten der verwendeten Saucen hilft da!

CH

&
ILI

Dill
Habanero-Chili

glatte Petersilie
rote Chili
Koriander

DIE FANCY BUR

GER

WHISKY-BOHNEN BACON UND CHEDDAR

FÜR 1 BURGER

1 EL Mayo (s. S. 72)
80 g Whisky-Bohnen (s. S. 120)
1 Beef-Patty à 120 g
1 Bun (s. S. 52)
2 Blätter Romanasalat
2 Scheiben Tomaten
2 Scheiben irischer Vintage Cheddar (mind. 12 Monate gereift)
Holzmehl von echten Whiskyfässern (z. B. von Smokewood)

VORBEREITUNG

Mayo und Whisky-Bohnen vorbereiten.
Patty von beiden Seiten grillen.
Bun halbieren und nach Geschmack rösten.

ZUSAMMENBAUEN

1. untere Bun-Hälfte
2. Salat
3. Tomate
4. Patty
5. Mayo
6. Bohnen
7. Cheddar
8. obere Bun-Hälfte

NACHBEREITUNG

Den Burger in einer Glasglocke platzieren. Holzmehl in einer Imkerpfeife anzünden und die Glocke mit dem Rauch füllen. Den Burger 1–2 Minuten im kalten Rauch eine Whisky-Räuchernote annehmen lassen.

KIMCHI BURGER

FÜR 1 BURGER

60 g Kimchi (s. S. 120)
1 EL Sesam-Mayo (s. S. 73)
1 Frühlingszwiebel
1 Beef-Patty à 200 g
1 Sesam-Bun (s. S. 52)
1 Blatt Romanasalat

VORBEREITUNG

Kimchi und Mayo vorbereiten.
Frühlingszwiebel quer in feine Scheiben schneiden.
Patty von beiden Seiten grillen.
Bun halbieren und nach Geschmack rösten.

ZUSAMMENBAUEN

1. untere Bun-Hälfte
2. Salat
3. Mayo
4. Patty
5. Kimchi
6. Frühlingswiebeln
7. obere Bun-Hälfte

PFIFFERLING BACON

FÜR 1 BURGER

2 EL Petersilien-Mayo (s. S. 73)
3 EL Pfifferlinge (s. S. 126)
1 Beef-Patty à 120 g
1 Scheibe Gruyère
2 Scheiben Bacon
1 Bun
2 Blätter Romanasalat
2 Scheiben Tomate
1 Rosmarinzweig

VORBEREITUNG

Mayo und Pfifferlinge vorbereiten.
Patty zunächst von einer Seite grillen, wenden und den Käse auf die bereits gegrillte Seite legen. Fertig grillen.
Bacon von beiden Seiten knusprig braten.
Bun halbieren und nach Geschmack rösten.

ZUSAMMENBAUEN

1. untere Bun-Hälfte
2. Salat
3. Tomate
4. Mayo
5. Patty mit Käse
6. Bacon
7. Pfifferlinge
8. obere Bun-Hälfte
9. Rosmarin

MØRDER BURGER

FÜR 1 BURGER

2 EL Gurken-Relish (s. S. 118)
2–6 EL Chili-Ketchup (s. S. 69)
2 Beef-Pattys à 120 g
2 Scheiben Cheddar
6 Scheiben Bacon
1 Bun (s. S. 52)

VORBEREITUNG

Relish und Ketchup vorbereiten. Pattys zunächst von einer Seite grillen, wenden und den Käse auf die bereits gegrillten Seiten legen. Fertig grillen. Bacon von beiden Seiten knusprig braten. Bun halbieren und nach Geschmack rösten.

ZUSAMMENBAUEN

1. untere Bun-Hälfte
2. etwas Relish
3. 1 Patty mit Käse
4. 3 Scheiben Bacon
5. etwas Relish
6. 1 Patty mit Käse
7. 3 Scheiben Bacon
8. etwas Chili-Ketchup
9. obere Bun-Hälfte
10. reichlich Chili-Ketchup

ALAAF BURGER

FÜR 1 BURGER

1 EL Sesam-Mayo (s. S. 73)
1 Beef-Patty à 120 g
1 Scheibe Wasabikäse
1 Bun (s. S. 52)
1 Blatt Romanasalat
2 Scheiben Tomaten
Shizo-Kresse-Mix

VORBEREITUNG

Mayo vorbereiten.
Patty zunächst von einer Seite grillen, wenden und den Käse auf die bereits gegrillte Seite legen.
Fertig grillen.
Bun halbieren und nach Geschmack rösten.

ZUSAMMENBAUEN

1. untere Bun-Hälfte
2. Salat
3. Tomate
4. Mayo
5. Patty
6. Kresse
7. obere Bun-Hälfte
8. Alaaf

FÜR BEKLOPPTE

ALAAF

40 g Gummar-HT-Pulver
Lebensmittelfarbe (z. B. Wilton Colour)

50 ml Wasser aufkochen und Gummar mit einen Schneebesen klumpenfrei unterrühren. Farbmenge nach Geschmack hinzufügen und die Masse auf eine glatte, mit Frischhaltefolie ausgelegte Fläche (Backblech, Glasplatte, Marmor etc.) gießen. An einem warmen, trockenen Ort 24 Stunden aushärten lassen. Im festen Zustand kann das erhärtete Gummar zerbrochen und in kleine Konfettis zerbröselt werden.
Anschließend luftdicht verpacken.

Richie: *außen knusprig – innen fluffig*

INGWER SHIITAKE

FÜR 1 BURGER

1 ½ EL Miso-Mayo (s. S. 72)
80 g Ingwer-Shiitake-Pilze (s. S. 126)
1 Beef-Patty à 200 g
1 Bun (s. S. 52)
1 Blatt Romanasalat
3–4 Ringe rote Zwiebel
Wasabi-Sesam (aus dem Asialaden)

VORBEREITUNG

Mayo und Pilze vorbereiten.
Pattys von beiden Seiten grillen.
Bun halbieren und nach Geschmack rösten.

ZUSAMMENBAUEN

1. untere Bun-Hälfte
2. Salat
3. Zwiebel
4. Mayo
5. Patty
6. Ingwer-Shiitake-Pilze
7. Wasabi-Sesam
8. obere Bun-Hälfte

BRIE GIN PFEFFER KIRSCHEN

FÜR 1 BURGER

- 3 EL Gin-Pfeffer-Kirschen (s. S. 121)
- 1 EL Mayo (s. S. 72)
- 1 Beef-Patty à 200 g
- 1 Bun (s. S. 52)
- 1 Friséesalat
- 2–3 Scheiben Brie

VORBEREITUNG

Kirschen und Mayo vorbereiten.
Patty von beiden Seiten grillen.
Bun halbieren und nach Geschmack rösten.

ZUSAMMENBAUEN

1. untere Bun-Hälfte
2. Salat
3. Mayo
4. Patty
5. Brie
6. Kirschen
7. obere Bun-Hälfte

DAS
FETT
IPA

CHORIZO KRAUT

FÜR 1 BURGER

2 EL Kräuter-Aioli (s. S. 68)
2–3 EL Chorizo-Kraut (s. S. 120)
2–3 dünne Scheiben Chorizo
1 Beef-Patty à 120 g
1 Scheibe Manchego
1 Bun (s. S. 52)
1 Blatt Romanasalat
2 Scheiben Tomate

VORBEREITUNG

Aioli und Chorizo-Kraut vorbereiten.
Den Backofen auf 160 °C Unter-/Oberhitze vorheizen. Die Chorizo-Scheiben auf ein mit Backpapier ausgelegtes Backblech legen, Backpapier drauflegen und mit einem weiteren Backblech beschweren. Im Ofen 15 Minuten ausbacken. Patty zunächst von einer Seite grillen, wenden und den Käse auf die bereits gegrillte Seite legen. Fertig grillen.
Bun halbieren und nach Geschmack rösten.

ZUSAMMENBAUEN

1. untere Bun-Hälfte
2. Salat
3. Tomate
4. Kräuter-Aioli
5. Patty mit Käse
6. Chorizo-Kraut
7. geröstete Chorizo-Scheiben
8. obere Bun-Hälfte

Chris: *Im Namen der Sauce*

PULLED HÄMMCHEN

FÜR 1 BURGER

120 g Pulled Hämmchen (s. S. 94)
2–3 EL Coleslaw (s. S. 200)
2 EL geschmorte Bierzwiebeln (s. S. 119)
etwas Schwarte vom Hämmchen
1 Roggen-Bun (s. S. 53)
1 EL Senf

VORBEREITUNG

Das Hämmchen zubereiten, das dauert mindestens 3 Stunden.
Coleslaw und Bierzwiebeln vorbereiten.
Die Schwarte knusprig ausbacken.
Bun halbieren und nach Geschmack rösten.

ZUSAMMENBAUEN

1. untere Bun-Hälfte
2. Coleslaw
3. Hämmchen
4. Bierzwiebeln
5. Senf
6. knusprige Schwarte
7. obere Bun-Hälfte

SOFT-SHELL CRAB

FÜR 1 BURGER

1 EL Miso-Mayo (s. S. 72)
1 Soft-shell Crab (s. S. 100)
1 Bun mit schwarzem Sesam (s. S. 52)
1 Blatt Frisée
Koriander
Chilischeibchen

VORBEREITUNG

Mayo vorbereiten.
Crab zubereiten.
Bun halbieren und nach Geschmack rösten.

ZUSAMMENBAUEN

1. untere Bun-Hälfte
2. Salat
3. Mayo
4. Crab
5. Koriander und Chili
7. obere Bun-Hälfte

INSIDE OUT

FÜR 1 BURGER

1–2 EL violette Curry-Mayo (s. S. 72)
1–2 EL Pintos Mango-Chutney (s. S. 120)
1 Gamba (s. S. 101)
2 Beef-Pattys à 120 g
1 Scheibe Weißbrot
1 Blatt Romanasalat
glatte Petersilie

VORBEREITUNG

Curry-Mayo und Chutney sowie Gamba vorbereiten.
Pattys von beiden Seiten grillen.
Das Weißbrot in der Größe des Pattys ausschneiden oder -stechen.

ZUSAMMENBAUEN

1. 1 Patty
2. etwas violette Curry-Mayo
3. Weißbrot
4. Salat
5. etwas violette Curry-Mayo
6. 1 Patty
7. Mango-Chutney
8. glatte Petersilie
9. Gamba

CHILI LIMETTE GUACAMOLE

FÜR 1 BURGER

1 EL Chili-Ketchup (s. S. 69)
2 EL Guacamole (s. S. 69)
1 Beef-Patty à 200 g
1 Sesam-Bun (s. S. 52)
1 Blatt Romanasalat
2 Scheiben Tomate
3–4 Ringe rote Zwiebel
1 Handvoll frischer Koriander
Chilischeibchen nach Geschmack

VORBEREITUNG

Ketchup und Guacamole vorbereiten.
Patty von beiden Seiten grillen.
Bun halbieren und nach Geschmack rösten.

ZUSAMMENBAUEN

1. untere Bun-Hälfte
2. Salat
3. Tomate und Zwiebel
4. Chili-Ketchup
5. Patty
6. Guacamole
7. Korianderblättchen und Chili
7. obere Bun-Hälfte

WILDSCHWEIN ZUCCHINI PICKLES FETA

FÜR 1 BURGER

1–2 EL Oliven-Feta-Käsemasse (s. S. 121)
1–2 EL Zucchini-Pickles (s. S. 121)
1 EL griechischer Joghurt (s. S. 73)
1 Wildschwein-Patty à 120 g
1 Bun (s. S. 52)
1 Blatt Romanasalat

VORBEREITUNG

Käsemasse, Pickles und Joghurt vorbereiten.
Patty von beiden Seiten grillen.
Bun halbieren und nach Geschmack rösten.

ZUSAMMENBAUEN

1. untere Bun-Hälfte
2. Salat
3. Joghurt
4. Pickles
5. Patty
6. Käsemasse
7. obere Bun-Hälfte

CONFIERTE ENTE ORANGE PFEFFER MAYO

FÜR 1 BURGER

2 EL Entenconfit (s. S. 94)
1 EL Orangen-Pfeffer-Mayo (s. S. 73)
1 Beef-Patty à 120 g
1 Bun (s. S. 52)
2 Blätter Radicchio in Streifen

VORBEREITUNG

Das Confit herstellen, das dauert mindestens 3 Stunden. Die Mayo vorbereiten. Patty von beiden Seiten grillen. Bun halbieren und nach Geschmack rösten.

ZUSAMMENBAUEN

1. untere Bun-Hälfte
2. Salat
3. Mayo
4. Patty
5. Mayo
6. Confit
7. obere Bun-Hälfte

PASTRAMI BBQ SAUCE

FÜR 1 BURGER

80 g Pastrami
1 EL Mayo (s. S. 72)
2 EL BBC-BBQ-Sauce (s. S. 69)
1 Beef-Patty à 120 g
1 Scheibe Cheddar
1 Bun (s. S. 52)
1 Blatt Romanasalat
2 Scheiben Tomaten
3–4 Ringe rote Zwiebel

VORBEREITUNG

Wer die Pastrami selbst herstellen möchte, muss daran denken, dass das bis zu einer Woche dauern kann. Diese dementsprechend vorbereiten und schließlich in dünne Scheiben schneiden. Mayo und BBC-BBQ-Sauce vorbereiten. Patty zunächst von einer Seite grillen, wenden und den Käse auf die bereits gegrillte Seite legen. Fertig grillen. Bun halbieren und nach Geschmack rösten.

ZUSAMMENBAUEN

1. untere Bun-Hälfte
2. Salat
3. Tomate und Zwiebel
4. Mayo
5. Patty mit Käse
6. Pastrami
7. BBC-BBQ-Sauce
8. obere Bun-Hälfte

Tom: *Der FOOD-Communicator*

DIE TOP 5

Auf Facebook habt ihr abgestimmt – und hier sind sie, die Top 5 Burger der Woche!

1

Chilibeef, Schmand, Rotweinzwiebeln, Cheddar, Habanero-Marmelade

2 Kimchi, Bacon, koreanische Bulgogi-BBQ-Sauce, Frühlingslauch, Sesam-Mayo

3 Rucola, Bruschetta, Büffelmozzarella und Basilikumpesto im Ciabatta-Bun

4 Doppelt Beef, doppelt Bacon, doppelt Cheddar, Gurken-Senf-Relish

5 Pumpkin-Spice-Aioli mit Schwarzwälder Schinken, Gruyére

HALL OF FAME

Das sind übrigens eure Top 33 Burger der Woche.
Lasst euch inspirieren für eure eigenen Burger-Kreationen.

Karamellisierte Feige, Ziegenkäsecreme, Rucola, Bacon, Thymian-Mayo

Bacon-Jam, karamellisierte Zwiebeln, Cheddar

Paprika-Aioli, Spargelsalat, Coppa di Parma

Sucuk, Peperoni-Relish, Spiegelei, Mayo

Himbeer-Chili-Ketchup, Kürbis-Pickels, doppelt Beef, doppelt Cheddar

Poutine mit Fritten, karamellisierten Zwiebeln, Bacon, Cheddar, Mozzarella

Weiße BBQ-Sauce, doppelt Bacon, doppelt Cheddar im schwarzen Bun

Zwiebel-Petersilien-Salat, Pancetta-Chips, Provolone, Salbei-Tomaten-Mayo

Spargel, Bärlauch-Mayo, warme Parmesansauce

Zwiebelmarmelade, gebratener Scamorza, Frischkase, Cheddar, Tiroler Speck

Bunte Bete, Spiegelei, Bacon, Remoulade, alter Gouda

Bärlauchpesto mit Erdnüssen, Babyblattspinat im Sesam-Bun

Champignons, Rucola, Chili-Ketchup, Bacon, Gorgonzola

Modena-Schinken, Parmesan, Eichblattsalat, Rucola-Haselnuss-Pesto

Antipasti-Gemüse, Basilikumpesto, Parmesan

Birnen-Blaubeer-Chutney, Walnüsse, Gorgonzola

Entenconfit, Rotkohl-Kimchi, Mango-Chili-Mayo, Panko-Sesam-Crunch

Ochsenherztomate, gegrillte Paprika, Rucola-Mayo, Comté

Hummus, gegrillte Aubergine, Rosmarin-Thymian-Mayo

Mispel-Chili-Chutney, Bacon, Radicchio, Friesée, gebratener Ziegenkäse

Kokos-Mayo, marinierte Ananas, Cheddar, Honigschinken, Koriander

Pflaumensauce, Bockshornklee-Käse, Nusscrunch, Wildschweinschinken

Kürbis-Wurst-Ragout, Thymian-Erdnuss-Mayo, Appenzeller

Auberginen-Piccata, Salbei-Mayo, Parmaschinken

Portobello, Jalapeño-Frischkäse, Bacon

Gebratenes Mais-Paprika-Gemüse, Chili-Ketchup, Monterey Jack

Rucola, Aioli, Gremolata, Parmesan, Pancetta

Ziegenfrischkäse, Thymian, Honig, Frisée

Inside Out mit Fleur-de-Sel-Karamell-Biskuit, Kardamom-Bergamotte-Mayo und Saltimbocca

Wildschweinpatty, Feldsalat, Vogelbeer-Kürbis-Chutney, geröstete Pistazien

Bergkäse, Serviettenknödeln, gebratene Edelpilze, Speck-Rahm-Sauce

Remoulade, mittelalter Gouda, Sol-Ei, Senfsauce im Roggen-Bun

Iberische Schweinebäckchen, Wurzelgemüse, Liebstöckel-Mayo, Gruyère

DER CHALLENGER

Dass der frühe Vogel den Wurm fängt, ist möglicherweise nichts als ein weit verbreiteter Irrtum.

Nichts als die Wahrheit ist jedoch, dass es Frühaufsteher besser über nordrhein-westfälische Autobahnen schaffen als die Fahrer, die, ganz gleich aus welchen Gründen, später loskommen. Immer wieder dienstags ist Heinrich Trippen ziemlich zeitig auf den Beinen. An diesem Tag der Woche hat er einen fixen Termin, und für den gilt: Hier liefert der Chef noch selbst aus. Mit einem umgebauten Pferdeanhänger fährt er in die Kölner Südstadt und lädt kurz nach sieben die bestellte Ware ab. „Wenn ich das so früh schaffe, komme ich auch wieder schnell zurück auf meinen Hof und kann dort in meinen eigentlichen Arbeitstag starten."

Heinrich Trippen, Ende 20, ist erstens gelernter Groß- und Einzelhandelskaufmann, zweitens gelernter Landwirt und hat drittens eine Zusatzausbildung als staatlich geprüfter Agrar-Betriebswirt absolviert. Auf seinem Hof in Rommerskirchen, den er in vierter Generation führt, baut er Kartoffeln, Zuckerrüben und Getreide an, und vor allem die Nutzpflanze aus der Familie der Nachtschattengewächse hat es ihm dabei angetan. Wenn Heinrich Trippen von der Kartoffel spricht, gerät er in Nullkommanichts ins Schwärmen. „Das Schöne an der Kartoffel ist doch, dass sie so vielfältig ist. Es gibt blaue Kartoffeln, rotschalige, gelb- und weißfleischige und noch viele mehr.

»Ich kann jeden Tag Kartoffeln essen!«

Insgesamt gibt es rund 3600 anerkannte Kartoffelsorten und darunter sind auch ganz alte. Wie zum Beispiel das Bamberger Hörnchen, eine ziemlich verwurschtelte Kartoffelsorte mit krummer Form, die ein nussiges Aroma mit einem intensiven Eigengeschmack hat. Als Kartoffelbauer muss ich regelmäßig aufs Feld gehen und gucken, wie es den Kartoffeln geht. Ich finde es toll, etwas wachsen zu sehen, und ich wühle auch gerne mit den Händen in der Erde. Mir wird die Kartoffel nicht langweilig, ich kann auch jeden Tag Kartoffeln essen."

FRIT

Heinrich Trippen mag die Knolle als Bratkartoffel, im Kartoffelsalat, als Gratin oder als lauwarme Salzkartoffel. Ganz pur, ganz einfach. Und sehr gerne mag er die Kartoffel, wenn sie als Pommes daherkommt.

Als Experte erkennt Trippen natürlich, von welcher Qualität die Pommes sind, die man ihm vorsetzt. „Meine damalige Freundin und jetzige Frau kannte die Fette Kuh und hat mich da mit hingeschleppt. ‚Die haben gute Burger und Pommes', sagte sie. Die Einschätzung der Burger stimmte, die der Pommes nicht. Als ich meinen ersten Burger in der Fetten Kuh gegessen habe, gab es da gekaufte Industrie-Pommes. Ich erkenne das an der Form und Farbe und ich schmecke das auch, wenn die in einer Fabrik hergestellt wurden – wir produzieren schließlich auf unserem Hof seit 20 Jahren Kartoffeln, die sich sehr gut zu Pommes verarbeiten lassen."

Anstatt sich lange über die Qualität der Pommes in der Fetten Kuh zu grämen, fackelte Heinrich Trippen nicht lange. Ging zur Theke. Kam schnell mit den Jungs am Grill und an der Fritteuse ins Gespräch. Erfuhr, dass die Industriepommes eine Notlösung sind, weil es schwierig ist, qualitativ gute Kartoffeln in großen Mengen für selbstgemachte Pommes zu bekommen. Bekam dann schnell die Nummer von Walter. „Kurz nach unserem ersten Gespräch habe ich einen Probesack Kartoffeln vorbeigebracht. Und so kam das mit der Fetten Kuh. Seit Februar 2013 liefere ich die Kartoffeln für die Pommes. 60 Säcke à 25 Kilo wuchte ich aus dem Pferdeanhänger, 1,5 Tonnen Kartoffeln können sich also pro Woche darauf freuen, in der Fetten Kuh zu Pommes zu werden."

Der 11er-Schnitt: die perfekten Maße für Pommes

„Challenger" heißt die Kartoffelsorte, die Heinrich Trippen in Rommerskirchen auf einer bestimmten Parzelle für die Fette Kuh anbaut. Die Sorte hat eine große Knollenform, ist oval bis langoval, und natürlich weiß der Fachmann, warum sich die Challenger bestens dafür eignet, als Pommes zu enden. Aufgrund ihrer Form kann man gut lange Fritten daraus schneiden. Walter und sein Team machen einen 11er-Schnitt. Das bedeutet, dass die Fritte auf 11 x 11 Millimeter geschnitten wird. Die dünnen Stäbchen bei McDonalds haben einen 6er-Schnitt. „Ich finde, der dickere Schnitt sieht einfach besser aus, das Auge isst schließlich mit. Auch bei Pommes." Sein Fachgebiet beackert Heinrich Trippen so ausdauernd wie sein

TEN

180 PS starker Traktor seine Felder, und was dann folgt, ist ein Satz, in dem sich das Wissen des Kartoffelbauern beherzt bei der Alltagsphilosophie eines Genießers einhakt: „Es ist immer gut, eine lange Fritte zu haben, man kann zwei kurze aus einer runden Speisekartoffel ja nicht zusammenkleben."

Challenger ist DIE Pommeskartoffel

Die Challenger ist eine vorwiegend festkochende Kartoffel. Sie hat einen guten Stärkegehalt, und der ist wichtig dafür, dass man sie gut backen beziehungsweise frittieren kann. Sie hat eine tolle Backfarbe und lässt sich nach der Ernte gut lagern. Auf Trippens Hof liegen die Kartoffeln vollklimatisiert bei einer bestimmten Temperatur in großen Hallen. „Das ist auch der Grund dafür, warum ich die Fette Kuh einmal wöchentlich beliefere. Die bekommen immer nur so viele Kartoffeln, wie sie pro Woche weiterverarbeiten, das dient der Qualität."

Trotz allem schwankt diese, da auch bei bester Lagerung nach und nach Stärke abgebaut wird. Die Fritten werden dann nicht mehr so knusprig. Von Frühjahr bis Frühsommer gibt's eine qualitative Durststrecke, mit der neuen Ernte knuspert's dann wieder richtig.

Eine Qualität übrigens, in deren Genuss Heinrich Trippen gar nicht kommt, wenn er mit dem Pferdeanhänger voller Kartoffeln in der Kölner Südstadt vorfährt. Dientags hat die Fette Kuh Ruhetag. An seinen Lieblings-Burger kommt er trotzdem. „Ein kleiner Ausflug vom Land nach Köln ist immer gut. Und so ein Cheeseburger mit Bacon und Chili Cheese Fries dazu, das ist einfach eine handfeste Sache."

Knoblauchfritten

Die Klassiker

Chili Cheese Fries

BURGER
STEAKS
FRITTEN

43

REZEPTE

FRITTEN

Für 4 Portionen
600–800 g große, lange festkochende Kartoffeln
Frittieröl (Raps- oder Erdnussöl)
Meersalz

Die Kartoffeln gründlich waschen. Mit Schale in Stäbchen schneiden (Kantenlänge 11 x 11 mm). Die Stäbchen 15–20 Minuten in sehr kaltem Wasser einweichen, um die Stärke auszuwaschen. Gut abtropfen lassen und ggf. trocken tupfen.

Das Frittieröl auf 140 °C erhitzen und die Stäbchen 4–5 Minuten frittieren. Die Fritten sollen dann im innersten Kern schon weich sein.

Die Fritten gut abtropfen lassen und auf einem flachen Blech erkalten lassen. Am besten werden sie, wenn sie vor dem zweiten Frittiergang mindestens 3–4 Stunden abkühlen konnten.

Das Öl für den zweiten Frittiergang auf 180 °C erhitzen. Die Fritten goldbraun frittieren, das dauert etwa 5–6 Minuten. Gründlich abtropfen lassen und mit Meersalz bestreuen.

KNOBLAUCHFRITTEN

Für 4 Portionen
4 Knoblauchzehen
50 ml Rapsöl
50 g Butter
4 Portionen Fritten
2 EL gehackte glatte Petersilie

Knoblauch hacken, Rapsöl und Butter leicht erhitzen und den Knoblauch darin sanft ziehen lassen, bis er goldbraun ist. Die fertige Portionen Pommes mit dem Knoblauch-Öl-Butter-Gemisch einpinseln und mit der Petersilie vermengen.

CHILI CHEESE FRIES

Für 1 Portionen
1 Portion Fritten
1 Portion Chili con Carne (s. S. 94)
1 Handvoll geriebener Cheddar
2 EL Schmand
1–2 EL Chili-Ketchup (s. S. 69)
Gartenkresse

Die Fritten in eine feuerfeste Schüssel geben, darüber eine gute Kelle Chili con carne und den Cheddar geben. Mit der Grillstufe oder Oberhitze im Backofen gratinieren. Mit Schmand, Ketchup und Kresse garnieren.

Lili: 1a-Servicefachverkäuferin

Florian: *Mr. Nice Guy*

SATE

LA

Nicht nur bei der Burger-Belegung kommen Salate zum Einsatz.
Es gibt Menschen, die damit ganze Mahlzeiten bestreiten.
Ehrlich! Aber noch ehrlicher? Muss man nicht.
Man kann Salat auch zum Burger essen. Oder zu Fritten.
Oder zu Burger und Fritten.

Salatspitzen mit Pampelmusenvinaigrette
und geräuchter Entenbrust

Caesar Salad

Coleslaw

REZE

COLESLAW

1 kg Weißkohl
100 g Zucker
30 g Salz
100 g Karotte
50 ml Weißweinessig
200 g Mayo (s. S. 72)
Salz, schwarzer Pfeffer

Den Weißkohl halbieren, den Strunk herausschneiden und den Kohl in feine Streifen schneiden. Zucker und Salz dazugeben, unterrühren und 1 Stunde ziehen lassen. Anschließend mit den Händen fest durchkneten, bis der Kohl weich ist. In ein Sieb geben und ausgetretene Flüssigkeit gut abtropfen lassen.

Die Karotten grob raspeln und mit dem Kohl in eine Schüssel geben. Weißweinessig und Mayo hinzufügen und ggf. noch mit Salz und Pfeffer abschmecken.

SALATSPITZEN PAMPELMUSENVINAIGRETTE GERÄUCHERTE ENTENBRUST

½ Schalotte
1 kleiner Rosmarinzweig
1 unbehandelte rosa Pampelmuse
1 EL Olivenöl
2 TL weißer Balsamico
2 TL Honig oder Agavendicksaft
Salz, schwarzer Pfeffer
Salatspitzen der Saison (z. B. Rucola, Frisee, Chicorée, Lollo Bionda und Radicchio)
rosa Pampelmusenfilets
geräucherte Entenbrust

Die Schalotte hacken. Die Rosmarinnadeln von dem Zweig streifen und fein hacken. Die Schale der Pampelmuse fein abreiben, den Saft auspressen. Öl, Balsamico, Pampelmusensaft, 1 TL Pampelmusenabrieb, Schalotte, Rosmarin und Honig mit dem Stabmixer zu einer feinen Vinaigrette mixen.

Die schönen Spitzen der Salate der Saison mit der Vinaigrette beträufeln. Mit Pampelmusenfilets und dünn aufgeschnittener Entenbrust anrichten.

PTE

CAESAR SALAD

Für das Dressing
2 Sardellenfilets
1– 2 Knoblauchzehen
20 g geriebener Parmesan
1 EL Rotweinessig
1– 2 TL scharfer Senf
1 frisches Eigelb
80 ml Olivenöl
schwarzer Pfeffer

Für die Croûtons
2 Scheiben Weißbrot
2–3 EL Olivenöl
1 Knoblauchzehe
1 kleiner Rosmarinzweig

Für den Salat
1 Romanasalatherz
2–3 Sardellenfilets
halbierte Kirschtomaten

Für das Dressing die Sardellenfilets, Knoblauch, Parmesan, Essig, Senf und das Eigelb pürieren, nach und nach das Olivenöl untermixen. Mit Pfeffer abschmecken.

Das Weißbrot in kleine Würfel schneiden, das Olivenöl in einer Pfanne erhitzen und die Croûtons darin mit Knoblauch und Rosmarin knusprig rösten.

Den Salat fein schneiden, mit dem Dressing vermengen und mit Sardellenfilets, Parmesan, Tomaten und Croûtons anrichten.

NOMA
DEN

Wie und wann es angefangen hat, weiß er noch ganz genau. Auch die Erinnerung daran, ob er zum Bier gekommen ist oder ob das Bier zu ihm kam, ist ihm unbedingt präsent.

„In meiner Familie ist Alkohol nicht so ein Thema", sagt Sebastian Sauer. „Die männlichen Bezugspersonen sind keine Kneipengänger. Also musste ich mir das, was mich bis heute begeistert und beschäftigt, selber erarbeiten." Im Alter von 16 hat Sebastian Sauer sein erstes Bier getrunken und zu dieser Zeit hat er auch angefangen, vor dem PC seine eigene „Bierwelt" zu entdecken. „Ich habe im Netz viele Leute gefunden, die lange Texte über die Geschichte und den Geschmack von Bieren schreiben. Viele der Marken, die dort vorkommen, kannte ich nicht. Dadurch bin ich neugierig geworden. Ich wollte diese Biere auch probieren und selber herausfinden, welche mir schmecken und welche nicht."

Nach dem ersten Eintauchen machte sich Sebastian Sauer seine Bierwelt schnell größer. Freunde brachten Biere aus dem Ausland mit, er reiste selbst viel. Dänemark, Italien, Großbritannien, Teile Skandinaviens. Und immer ging es darum, neue Biere zu trinken und neue Leute kennenzulernen, mitunter passierte beim Besuch von Brauereien beides zusammen. Bierfeste in der Gegend, in der Sauer aufgewachsen ist – Stolberg in der Nähe von Aachen –, standen auch auf dem Spontanreiseplan. „Wenn ich mitbekommen habe, dass in Belgien neue Biere veröffentlicht werden, bin ich da hin und habe mich durchprobiert, das war schon sehr freakig. Ich habe mir meinen Bierhorizont zum einen angelesen, zum anderen angetrunken. Spätestens, als ich viel über historische Biere gelesen habe, war für mich die Stufe erreicht, wo ich wusste: Das will ich auch machen. Ich will historische Biere rekreieren und ich will darüber schreiben und auf Events davon erzählen. In den letzten zehn Jahren ist kein Tag vergangen, an dem ich mich nicht in irgendeiner Weise mit Bier beschäftigt habe."

Ohne eigene Brauerei muss sich ein Nomadenbrauer in Braustätten einmieten. Christian Vormann gibt Nomadenbrauern wie Sebastian Sauer ein Zuhause.

Brauer

Hopfen
und
Malz
GROBES
OSTERFEUER
BEIM TUS VOLMETAL
AM SAMSTAG
04. APRIL 2015
BEGINN: 17:30 UHR
Vormann
Privat-Brauerei seit 1877

Gott
erhalts
5
Bier
nach dem
Reinheitsgebot
gebraut
Offnungszeiten:

DAS
FETTE
IPA
INDIA PALE ALE
DAS
FETTE
WIESS
OBERGÄRIG
NACH KÖLNER BRAUART
Alk. 4,8 % vol · ℮0,33l
DAS
FETTE
WEISSE
℮0,5l
ALK.
5,5 % VOL

Freakig: der Wunsch, alles zu probieren, was es an Bier gibt

Wenn Sebastian Sauer über seine große Leidenschaft Bier spricht, sprudelt es in rheinischem Singsang nur so aus ihm heraus. In etwa mit der gleichen Dringlichkeit, mit der Flaschen mit kohlensaurem Inhalt, wenn sie lange geschüttelt wurden, nach dem Öffnen überschäumen. Wenn man dem Mann nur drei Minuten zugehört hat, kriegt man spitz: Für seine 28 Jahre hat er schon jede Menge gemacht; es steckt viel erlebtes Leben in Sebastian Sauer drin. Nach dem Abitur und dem Zivildienst absolvierte er eine Ausbildung zum Einzelhandelskaufmann und wusste bereits zu diesem Zeitpunkt, dass sich sein Leben um Bier drehen sollte. Erste berufliche Bierstation: die Helios Braustelle in Köln-Ehrenfeld. Sauer arbeitete dort bis 2014 als Restaurant- und Vertriebsleiter und mit Peter Esser, dem Inhaber der Braustelle, freundete er sich auch privat an. Die beiden gründeten die Craft-Beer-Marke „Freigeist Bierkultur" und brauten zusammen „Abraxxxas", eine moderne Interpretation des Lichtenhainers. Dabei handelt es sich um ein altes deutsches Bier, das so gut wie vergessen war. „Leicht, hell, rauchig, ein bisschen säuerlich, kaum bitter" – so beschreibt Sebastian Sauer den Geschmack. Und ist dann gleich mittenmang bei dem, was ihn an- und umtreibt. In analogen und digtalen Archiven stöbert er nach alten Rezepturen und dabei gibt es allerhand zu entdecken. „Man kann Biere mit Austernschalen und Seetang brauen, man kann Früchte hinzugeben und so die Kreationen von früher mit einem modernen Twist versehen. Es geht mir nicht darum, auf Altes zu setzen, um damit historisch authentisch zu sein. Das Ganze ist kein Selbstzweck. Wichtig ist mir zu überlegen, wie man einen alten Bierstil mit den Möglichkeiten von heute darstellen kann."

Besser geht immer

Es klingt womöglich beim ersten Lesen seltsam, ist aber so: Sebastian Sauer brennt für ein Thema, bei dem es um Flüssiges geht. Und ganz gleich, ob beim Thema Bier, Essen oder Reisen: Es geht ihm immer um Vielfalt und darum, viel auszuprobieren. „Auf der Basis eines Weißbiers kann ich mit Pfeffer ein Pfeffer-Bier brauen. Das hat dann eine Bier-Komponente und eine gewisse Pfeffrigkeit. Das bereichert

Zwei unkonventionelle Biermacher: links Brian Strumke von „Stillwater Artisanal" aus Baltimore, USA, und rechts Sebastian Sauer

das Thema Bier. Viele wissen nicht, was man mit Bier alles machen kann, und ich möchte den Leuten zeigen, was da alles drinsteckt. Ein Bäcker kann mit den Grundzutaten ein gutes Brot backen. Aber mit Walnüssen, Rosinen oder Karotten kann er noch ein viel spannenderes Brot backen."

Ein gelernter Brauer ist Sebastian Sauer nicht. Aber einer mit verdammt viel Erfahrung, der seit 2009 besonders intensiv in der Welt rumgekommen ist und weiterhin viel unterwegs ist. Das Grundverständnis, das zum Beispiel in den USA über das Bierbrauen vermittelt wird, gefällt ihm. Anderen Brauern zuhören. Das Gehörte aufsaugen. Learning by Doing. Erfahrungen austauschen, sammeln, sortieren: „Zum Bier gehört für mich das Reisen." Unlängst hat er sich in England mit einem schottischen Brauer getroffen, um in einer kleinen Brauerei zusammen zu brauen. „Irgendwann ist man in diesen Kreisen drin, ich kenne weltweit Brauer und die kennen mich." Sauer hält in den USA Seminare über deutsche Brauerei-Kultur, und über seinen Onlineshop exportiert er seine Rekreationen bis nach Kanada und Brasilien. Ein Biersnob will er dabei keineswegs sein, es geht ihm nicht darum, andere zu missionieren. „Ich bin ja nicht die katholische Kirche und der Bierhimmel ist groß. Jeder muss für sich entscheiden, welche Biere er gerne trinkt. Ich möchte zeigen, dass es einen Markt für besondere Biere gibt. Und ich freue mich, wenn die Zahl der Leute steigt, die besondere und bessere Biere trinken."

Von jetzt auf gleich schwärmt Sauer dann von einer Berliner Weißen, der er beim Brauen das helle Fruchtfleisch von Weinbergpfirsichen zugesetzt hat – und landet dann bei der Zusammenarbeit mit der Fetten Kuh. „Der Wunsch nach einem eigenen Bier bestand dort schon länger, über einen Getränkegroßhändler haben wir uns kennengelernt, und im Frühjahr 2015 war es dann so weit." Das Fette IPA hat Sebastian Sauer zusammen mit Walter Schnerring und Andreea Bratu, den Betreibern der Fetten Kuh, und dem Küchenchef Martin Block entwickelt. „Die Leute von der Kuh kannten meine Biere schon ein bisschen. Das Fette IPA ist ein obergäriges Starkbier mit einem Alkoholgehalt von

»Bei acht Umdrehungen muss man schon ein bisschen vorsichtig sein!«

Von links nach rechts: Hopfenpellets, Gersten- und Weizenmalz, getrocknete Hopfenblüten

acht Prozent. Wenn man am Rest des Tages noch etwas vorhat, sollte man sich mittags nicht unbedingt zwei davon reinziehen", lacht Sebastian Sauer. „Das IPA hat einen hohen Hopfenanteil und der gibt dem Bier eine fruchtige Note. Es schmeckt im Abgang herb, dazu kommt eine leichte Süße. Die fruchtig ausgerichtete Hopfigkeit passt hervorragend zu fettigen Gerichten wie zum Beispiel einem Burger. Die schneidet durch das Fett wie ein Messer durch weiche Butter."

Warum ein Burger überhaupt ein besonderes Bier braucht, kann Sauer natürlich auch erklären. „Man kann eine Freude haben, den Burger. Noch besser wird es, wenn du zwei Freuden zusammen genießen kannst. Mit einem besonderen Bier zum handwerklich hergestellten Burger. Und am allerbesten ist es, wenn drei Freuden aufeinander abgestimmt worden sind. Wir hatten auch schon mal ein Tasting, bei dem Burger, Bier und Zigarren zusammengewirkt haben. Das war ein Geschmackserlebnis, das sich hochgeschaukelt hat durch die Kombination von Essen, Trinken und Rauchen. Ich finde, so etwas schafft einen Mehrwert."

Drei individuelle Biere hat Sebastian Sauer mittlerweile für die Fette Kuh kreiert: Auf „Das Fette IPA" folgte „Das Fette Weiße", eine Rekreation einer Rezeptur aus einem Buch von 1831, für die Zuckerrübensirup, Ingwer, Wacholderbeeren und Salz verwendet wurde. Das bisher jüngste Bier aus einer Serie, die garantiert noch weitere Folgen haben wird, wurde Anfang 2016 präsentiert: „Das Fette Wiess" ist ein obergäriges, unfiltriertes Bier nach kölscher Brauart mit den Geschmackskomponenten aus Gersten- und Weizenmalz – und auf jeden Fall ein Angebot für Kölsch-Trinker, die ihr Kölsch bisher nur aus industrieller Fertigung kennen. „Es stimmt natürlich nicht, dass kleine Brauereien nur tolle Biere herstellen und große nur schlechte. Aber ich kann mir im Paradies eben andere Biere vorstellen als die meisten, die aus industrieller Produktion kommen."

Das Leben ist zu kurz für schlechte Biere.

Sebastian Sauer wird weiter viel reisen, hier und da brauen und da und dort Vorträge über Bier halten. Gerade, weil der Auftrag „In 80 Bieren um die Welt" längst erledigt ist und weil es nach wie vor viel zu endecken und auszuprobieren gibt in der großen weiten Bierwelt. Und natürlich auch, weil für ihn dieser Satz global gilt: Das Leben ist zu kurz für schlechte Biere.

bürojacob
Janvier
www.stockmeier.de
February
Februar 2015
Février
STOCKMEIER Holding GmbH • Am Stadtholz 37 • 33609 Bielefeld
T +49 521 / 30 37-0 • F +49 521 / 30 37-159 • info@stockmeier.de
Fanta

KRAFT
Bier!
hop
fen
Film System
GS820

Craft Beer

Drei Biere, drei Stile, jedes macht auf seine Art Spaß. Beim IPA darf man sich allerdings nicht wundern, warum man nach einem Bier schon mächtig einen kleben hat: mit 8 Vol.-% hat es mächtig Wumms.

Das Fette Wiess, 4,9 Vol.-%

Ein Wiess ist ein unfiltriertes Kölsch. Beim Brauen ging es darum, den Bierstil klassisch zu interpretieren – sprich beispielsweise keine amerikanischen Hopfen zu verwenden, deren starke Aromatik zu viel Einfluss ausgeübt hätten –, aber trotzdem möglichst viel Geschmack einzubinden. Und natürlich diese charmante, typisch kölsche Süffigkeit zu erhalten.

Dank der Verwendung einer Zentrifuge sieht das Bier filtriert aus, ist es aber nicht. Der Vorteil ist, dass man keine würzigen und hefigen Aromen in dem sehr delikaten Bierstil hat. Diese würden ansonsten von den filigranen Malz-, Hopfen- und auch Hefeelementen ablenken.

Das Fette Weiße, 5,5 Vol.-%

Hier hat uns eine alte Braurezeptur aus dem Jahre 1831 inspiriert , die wir in einem alten Buch gefunden haben. Beschrieben wird diese als „schönes Weißbier". Zu dem Zeitpunkt galt das Reinheitsgebot nur in Bayern, sodass Biere in unserer Region noch standardmäßig mit Kräutern und Früchten gebraut wurden. Wir haben diese Originalrezeptur wiederbelebt und sie neben dem klassischen Weißbiergeschmack mit Wacholder- und Ingwernoten verfeinert. Speziell der Wacholder setzt sich sehr charakteristisch durch und wird von einem Hauch Ingwer unterstützt.

Das Fette IPA, 8 Vol.-%

Das sogenannte Imperial IPA (India Pale Ale) ist ein ehemals britischer Bierstil, der im Zuge der US-amerikanischen Craft-Beer-Revolution als Motor für die neue Bierbewegung diente. Im Großbritannien der Kolonialzeit wurde der Bierstil u.a. für den Export nach Indien gebraut und war bekannt für seine Hopfenbetonung. In den USA wurde der Stil aufgegriffen und mit deutlich größeren Mengen des intensiveren US-Hopfens gebraut. Der US-Hopfen sorgt für die tropischen und zitrusartigen Fruchtnoten und ist für den bitteren Geschmack verantwortlich.

Mit fünf der klassischen Hopfensorten gewürzt, haben wir unsere Interpretation möglichst nah an das Original der Westküste angelegt. Die intensiven Aromen sind in eine süßliche und kräftige Malzigkeit eingebettet.

Maike: *BBB-Queen – Blonde, Brain, Beautiful*

STREET FOOD
FESTIVAL

Blumen
Großhandel

WURST CASE

WURST CASE SZENARIO

Es war so, wie es meistens ist, wenn in einer Runde ausreichend geistige Getränke vorrätig sind. Lustig. Kommunikativ. Ausgelassen. Und der nächste Gag ist immer der beste.

Anfang 2015 trug es sich zu, dass in der Fetten Kuh ein Craft-Beer-Tasting stattfand. Unter den zahlreichen Gästen bei dieser Verkostung: Till Riekenbrauk, einer der Kölner Veranstalter des Street Food Festivals. In einer ausgeprägten Bierlaune gingen die Macher der Fetten Kuh auf den Mann zu und merkten kritisch an, dass auf dem Street Food Festival keine Hot Dogs im Angebot sind. Von wegen: Gibt's doch gar nicht, dass es da keine Wurst im Brötchen gibt. Till Riekenbrauk machte aus der feinfühlig vorgebrachten Kritik gleich eine Spontan-Bewerbung und ließ keine Ausreden mehr zu. Jawollja, dann macht ihr das doch mal, ihr Leute von der Fetten Kuh.

Was sich Walter Schnerring und Martin Block natürlich nicht zweimal sagen ließen. Ihr Auftrag und Anspruch zugleich: Hot Dogs zu kreieren, die mit der Qualität der Burger mithalten können. Ganz einfach deshalb, weil die beiden und ihr eingespieltes Team wissen, dass die Fans der Fetten Kuh sich auch über Hot Dogs freuen werden. Was man tun muss, um die Qualität der Hot Dogs auf die der seit Jahren bewährten Burger zu hieven, ist klar. Beim Wareneinkauf muss es genauso stimmen wie bei der Frische der Produkte und der Art der Zubereitung. Was das alles angeht, wissen die Leute von der Fetten Kuh einfach Bescheid. Die Wurst für den Hot Dog liefert Metzger Holger Kleinjung, der in Engelskirchen im Bergischen Land den Familienbetrieb in vierter Generation führt; bei den Brötchen kommt Bäcker Mathias Ecke aus Köln-Braunsfeld ins Spiel, der auch die Buns für die Burger der Fetten Kuh“ täglich frisch backt.

WURST CASE records
LUFTPOST
PAR AVION
PRIORITAIRE
STEREO
auch Mono abspielbar
MRS. MILLS
CRAZY PARTY
BURN HOT DOG
BURN
New Orleans Hot Dogs
alfac

Bei aller Erfahrung und Kreativität im Umgang mit Lebensmitteln gilt aber auch für die Macher der Fetten Kuh: learning by Doing. Beim Ausprobieren und ersten Anrichten für das Projekt Hot Dogs sagte dann Tom Hafner – das ist der Mann, der die Facebook-Seite betreut und auch den Burger der Woche fotografiert – den alles entscheidenden Satz. Den Satz nämlich, in dem die Formulierung vorkam, die im Englischen den ungünstigsten Fall bezeichnet: worst case scenario. Das war der magische Moment, in dem sich alle am Projekt „Hot Dog" Beteiligten ansahen und wussten: Das ist er, der Name für die mobile Wurstbude. Mit minimalen Abweichungen. Sechs Wochen nach der Idee war das Gastrokonzept für die Hot Dogs fertig und der Truck der Fetten Kuh parkte zum ersten Mal auf einem Street Food Festival. Unter dem Slogan, in dem Bierlaune, Wortspiel und Kreativität eins werden: Wurst Case Szenario.

Was sagte doch der Kochbuchautor und Foodblogger Stevan Paul 2014 in einem Interview mit dem SPIEGEL? Das hier: „Wir dürfen den Hot Dog nicht IKEA überlassen." Die Macher der „Fetten Kuh" haben ohne Frage noch viel vor. Dass sie den Hot Dog IKEA überlassen, steht dabei garantiert nicht auf dem Plan, keine Bange!

CHILI DOG

FÜR 1 HOT DOG

3 EL Chili con carne (s. S. 94)
1 TL Chili-Paprika-Relish (s. S. 119)
1 Wurst
1 schwarzes Bun
2 TL Sour Cream
gegarter Mais
gehackte glatte Petersilie

VORBEREITUNG

Chili und Relish vorbereiten.
Die Wurst erhitzen: Im Wasserbad, dämpfen, braten oder grillen – wie es euch am besten schmeckt.
Bun nach Geschmack rösten, dann längs einschneiden, aber nicht durchschneiden.

ZUSAMMENBAUEN

1. Wurst ins Brötchen
2. Chili auf die Wurst
3. da drüber Chili-Paprika-Relish und Sour Cream
4. Maisstückchen verteilen
5. mit Petersilie bestreuen

CLASSIC HOT DOG

FÜR 1 HOT DOG

2 EL Gurken-Relish (s. S. 118)
1 Radieschen
1 Wurst
1 normales Bun
2 TL Ketchup
gehackte Frankfurter Kräuter

VORBEREITUNG

Das Relish zubereiten. Radieschen in feine Scheiben schneiden. Die Wurst erhitzen: Im Wasserbad, dämpfen, braten oder grillen – wie es euch am besten schmeckt. Bun nach Geschmack rösten, dann längs einschneiden, aber nicht durchschneiden.

ZUSAMMENBAUEN

1. Wurst ins Brötchen
2. Ketchup auf die Wurst
3. Relish und Radieschen darauf verteilen
4. mit Kräutern bestreuen

WEISS WURST DOG

FÜR 1 HOT DOG

1 EL süßer Senf
1 EL Mayo (s. S. 72)
1 Weißwurst
1 Laugen-Bun
(alternativ Laugenstange)
2 EL geraspelter Rettich
etwas Gartenkresse

VORBEREITUNG

Süßen Senf und Mayo miteinander vermischen. Die Wurst im Wasserbad erhitzen. Wer mag, kann sie entdarmen. Bun nach Geschmack rösten, dann längs einschneiden, aber nicht durchschneiden.

ZUSAMMENBAUEN

1. Wurst ins Brötchen
2. Senf-Mayo auf die Wurst
3. Rettich darauf verteilen
4. mit Kresse bestreuen

Follow

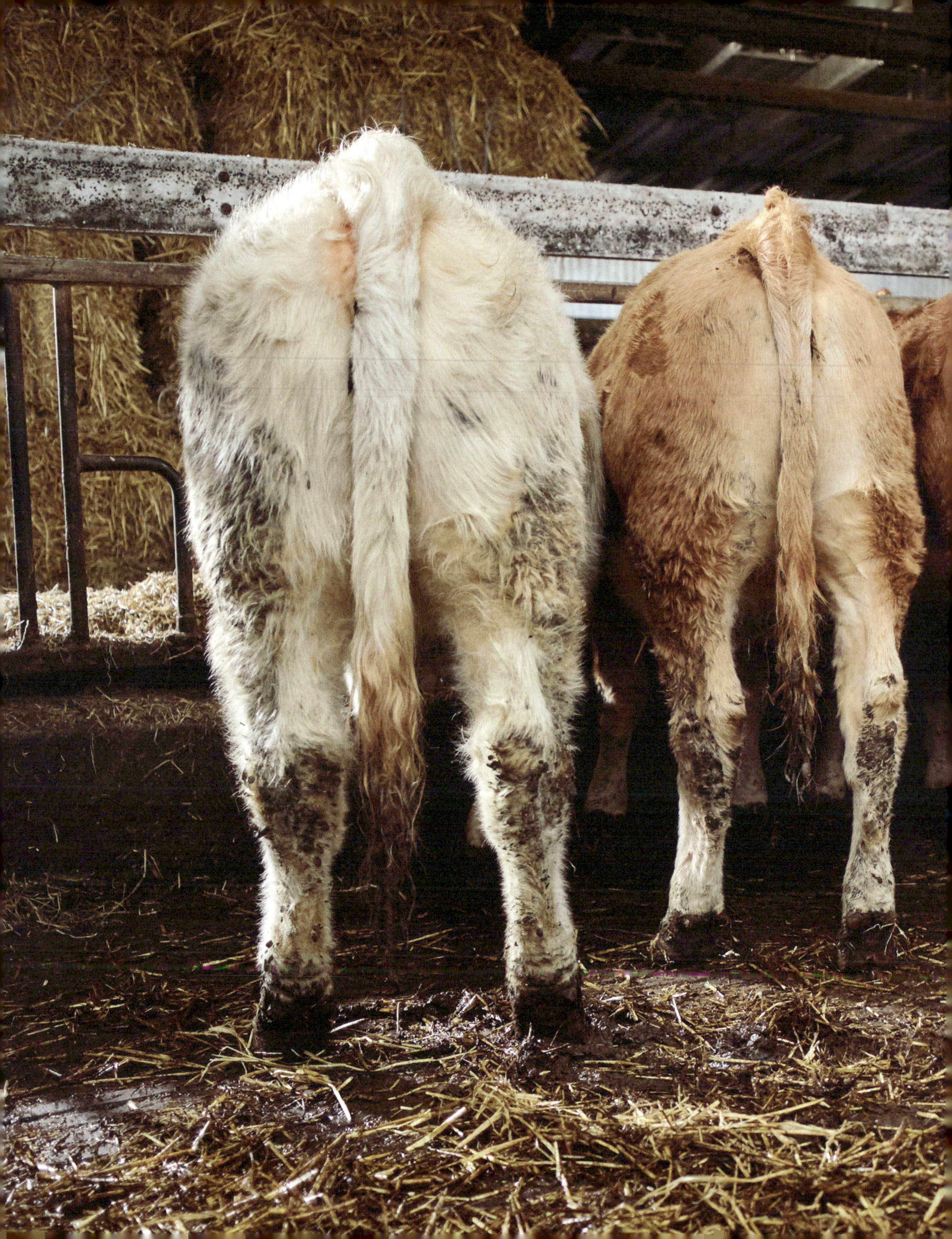

BURGER-BAUKASTEN-INSPIRATIONS-MATRIX

Hinweis: Alle Fancy Burger gibt es mit kompletten Rezepten, alle anderen erwähnten Burger dienen der Inspiration!

FANCY BURGER

BURGER DER WOCHE

TOPPING FLEISCH

TOPPING GEMÜSE

TOPPING PILZE

1000 DANK

Die Fette Familie dankt: ganz besonders unseren Freunden und unserer Familie, unserer treuen Kundschaft, unseren geduldigen Nachbarn, Lili, Klaus und Annigje Schnerring, Helga und Herbert Naaf, die besten Vermieter der Welt!, unserem wundervollen Maze, Mann der schönen Schriften, Stephan Hosnowsy, Reiner Riewe, Frau Wagner, Chis und Dieter, allen Mitarbeitern die uns bisher unterstützt und begleitet haben, Orderbird, Andreas und Alejandro von der Firma Axer, Herr Pelzer, Herr Adamczik, Wolfgang, Mariusz Barth, Maren Ernst und Team, Gert Schaub von der Firma Fleetpool.

Der Burger Creativ Director dankt: Von Herzen meiner tollen Frau, für die ständige Unterstützung, meinen wunderbaren Kindern, meiner Familie und meinen Freunden. Dank gilt auch allen, die mich beruflich gefordert und gefördert haben wie meinen Ausbildern Ralf Stieg und Michael Stephan, meinen Kollegen und Chefs, die mich in allen möglichen Küchen begleitet haben. Für stetigen Input, Inspiration und Austausch danke ich außerdem der Community rund ums #meatup_cgn.

MÖRDER BURGER

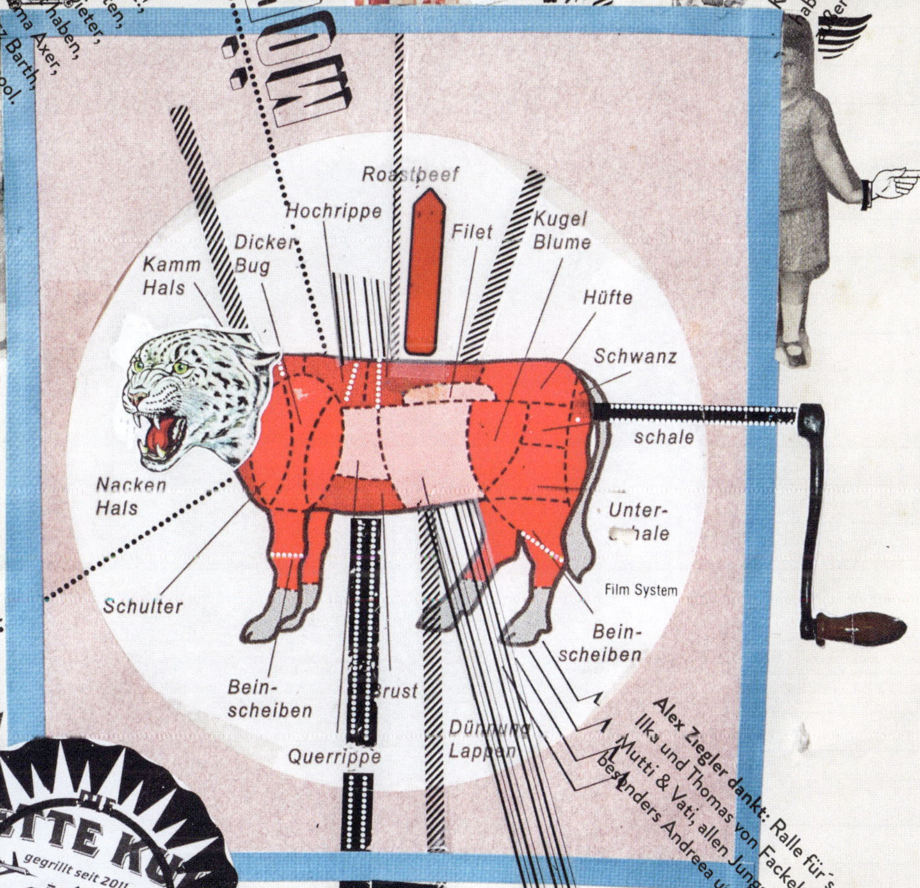

WILD SCHWEIN BURGER

DIE FETTE KUH gegrillt seit 2011

KIMCHI BURGER

I K L M

Alex Ziegler dankt: Ralle für´s glatt ziehen. Ilks und Thomas von Fackelträger für die freie Hand. Mutti & Vati, allen Jungs und Mädels von der Fetten Kuh, besonders Andreea und Walter, sowie Wolf Westphal für Schwermetall.

Impressum

Emil-Hoffmann-Straße 1
D-50996 Köln

Herausgeber: Alex Ziegler
Rezepte: Walter Schnerring und Martin Block
Texte: Martin Weber, außer auf den Seiten 28, 2. Absatz, 213
Portrait- und Reportagefotos: Martin Langhorst
Food-Fotografie: Angela und Martin Langhorst, außer auf den Seiten 172–177 (Tom Hafner)
Projektleitung und Redaktion: Ilka Grunenberg
Konzeption, Gestaltung, Satz: Buero Ziegler
Collagen: Alex Ziegler
Umschlaggestaltung: Buero Ziegler
Covermotiv: Lettering Maze
Reinzeichnung: Ralf Reiche, Weusthoff Noël, Köln

Gesamtherstellung: Fackelträger Verlag GmbH, Köln

ISBN 978-3-7716-44639-4
Printed in Poland

www.buero-ziegler.de
www.lichtbilderlanghorst.de
www.diefettekuh.de
www.fackeltraeger-verlag.de
www.baeckerei-ecke.de
www.bierkompass.de
www.kartoffelkult.de
www.designsquad.de